CONTEÚDO DIGITAL PARA ALUNOS
Cadastre-se e transforme seus estudos em uma experiência única de aprendizado:

1 Entre na página de cadastro:
https://sistemas.editoradobrasil.com.br/cadastro

2 Além dos seus dados pessoais e dos dados de sua escola, adicione ao cadastro o código do aluno, que garantirá a exclusividade do seu ingresso à plataforma.

2078471A9149672

CB015094

3 Depois, acesse:
https://leb.editoradobrasil.com.br/
e navegue pelos conteúdos digitais de sua coleção :D

Lembre-se de que esse código, pessoal e intransferível, é valido por um ano. Guarde-o com cuidado, pois é a única maneira de você acessar os conteúdos da plataforma.

Editora do Brasil

BRINCANDO COM AS PALAVRAS

ORGANIZADORA: EDITORA DO BRASIL

3

ENSINO
FUNDAMENTAL

5ª EDIÇÃO
SÃO PAULO, 2020

Editora do Brasil

Dados Internacionais de Catalogação na Publicação (CIP)
(Câmara Brasileira do Livro, SP, Brasil)

Brincando com as palavras, 3 : ensino fundamental /
organização Editora do Brasil. -- 5. ed. --
São Paulo : Editora do Brasil, 2020. --
(Brincando com)

ISBN 978-85-10-08284-6 (aluno)
ISBN 978-85-10-08285-3 (professor)

1. Língua portuguesa (Ensino fundamental)
I. Série.

20-37185   CDD-372.6

Índices para catálogo sistemático:
1. Língua portuguesa : Ensino fundamental   372.6
Maria Alice Ferreira - Bibliotecária - CRB-8/7964

© Editora do Brasil S.A., 2020
Todos os direitos reservados

Direção-geral: Vicente Tortamano Avanso

Direção editorial: Felipe Ramos Poletti
Gerência editorial: Erika Caldin
Supervisão de arte: Andrea Melo
Supervisão de editoração: Abdonildo José de Lima Santos
Supervisão de revisão: Dora Helena Feres
Supervisão de iconografia: Léo Burgos
Supervisão de digital: Ethel Shuña Queiroz
Supervisão de controle de processos editoriais: Roseli Said
Supervisão de direitos autorais: Marilisa Bertolone Mendes

Supervisão editorial: Selma Corrêa
Edição: Camila Gutierrez e Simone D'Alevedo
Assistência editorial: Gabriel Madeira, Júlia Nejelschi e Márcia Pessoa
Auxílio editorial: Laura Camanho
Consultoria pedagógica: Priscila Ramos de Azevedo
Especialista em copidesque e revisão: Elaine Silva
Copidesque: Giselia Costa, Ricardo Liberal e Sylmara Beletti
Revisão: Amanda Cabral, Andréia Andrade, Fernanda Almeida, Fernanda Sanchez, Flávia Gonçalves, Gabriel Ornelas, Mariana Paixão, Martin Gonçalves e Rosani Andreani
Pesquisa iconográfica: Priscila Ferraz
Assistência de arte: Daniel Campos Souza
Design gráfico: Cris Viana
Capa: Megalo Design
Edição de arte: Samira de Souza
Imagem de capa: Elvis Calhau
Ilustrações: Anderson Cássio, Artur Fujita, Avalone, Bruna Ishihara, Caco Bressane, Camila Hortencio, Claudia Marianno, Claudia Valente, DKO Estúdio, Desenhorama, Edson Farias, Eduardo Belmiro, Erik Malagrino, Estúdio Mil, Fabiana Salomão, Laerte Silvino, Larissa Melo, Marco Cortez, Marcos Machado, Marcos de Mello, Marlon Tenório, Paula Kranz e Susan Morisse
Produção cartográfica: DAE (Departamento de Arte e Editoração)
Editoração eletrônica: Elbert Stein, Gilvan Alves da Silva, José Anderson Campos, Marcos Gubiotti, Mario Junior, Ricardo Brito, Viviane Ayumi Yonamine e Wlamir Miasiro
Licenciamentos de textos: Cinthya Utiyama, Jennifer Xavier, Paula Harue Tozaki e Renata Garbellini
Controle de processos editoriais: Bruna Alves, Carlos Nunes, Rita Poliane, Terezinha de Fátima Oliveira e Valéria Alves.

5ª edição / 4ª impressão, 2023
Impresso no parque gráfico da Meltingcolor Grafica e Editora

abdr — ASSOCIAÇÃO BRASILEIRA DOS DIREITOS REPROGRÁFICOS
Respeite o direito autoral

Editora do Brasil
Rua Conselheiro Nébias, 887
São Paulo, SP – CEP: 01203-001
Fone: +55 11 3226-0211
www.editoradobrasil.com.br

APRESENTAÇÃO

Querido aluno,

Este livro foi escrito especialmente para você, pensando em seu aprendizado e nas muitas conquistas que virão em seu futuro!

Ele será um grande apoio na busca do conhecimento. Utilize-o para aprender cada vez mais na companhia de professores, colegas e de outras pessoas de sua convivência.

Brincadeiras, poemas, contos, atividades divertidas e muitos assuntos interessantes foram selecionados para você aproveitar seu aprendizado e escrever a própria história!

Com carinho,
Editora do Brasil

SUMÁRIO

VAMOS BRINCAR 6

Unidade 1 12
Texto 1 – "A Lebre e a Tartaruga", fábula de Esopo 12
Ortografia – Palavras com **lh** ou **li** 18
Texto 2 – "O jabuti e o caipora", de César Obeid 20
Gramática – Letra inicial maiúscula ou minúscula 23

Unidade 2 28
Texto 1 – "Chapeuzinho Vermelho", de Arievaldo Viana 28
Gramática – Encontro vocálico 31
Texto 2 – "O Lobo Mau e o Chapeuzinho Vermelho", de Gilles Eduar 34
Gramática – Encontro consonantal 36
Gramática – Til 39

Unidade 3 45
Texto 1 – "Pets: A vida secreta dos bichos", cartaz 45
Gramática – Dígrafo 49
Gramática – Número de sílabas 51
Texto 2 – "Pets: A vida secreta dos bichos 2", sinopse de Tribuna de Petrópolis 54
Ortografia – Cedilha 57
Gramática – Palavras com **m** e **n** em final de sílaba 59

Unidade 4 64
Texto 1 – "A assembleia dos ratos", fábula de Esopo 64
Gramática – Sílaba tônica 67
Texto 2 – "O flautista de Hamelin", conto dos Irmãos Grimm 70
Pequeno cidadão – Como ouvimos música 73

Gramática – Acento circunflexo e acento agudo 75
Ortografia – Letra **h** inicial 77

Unidade 5 80
Texto 1 – "Salvador, 18 de agosto de 2020", carta pessoal 80
Gramática – Ponto final, ponto de interrogação e ponto de exclamação 85
Texto 2 – "Rapidópolis, 23 de maio", de Eva Furnari 88
Ortografia – Palavras com **e** (e não **i**) ... 90

Unidade 6 94
Texto 1 – "Chocolate quente", receita 94
Gramática – Sinônimo e antônimo 98
Texto 2 – "Bilboquê", texto instrucional ... 101
Ortografia – Palavras com **o** (e não **u**) ... 104

Unidade 7 106
Texto 1 – "Marcelo, marmelo, martelo", de Ruth Rocha 106
Gramática – Substantivo próprio e substantivo comum 111
Gramática – Dois-pontos e travessão 114
Texto 2 – "Supercalifragilissimamente", de Kátia Canton 116
Gramática – Coletivo 119
Ortografia – Palavras com **l** ou **u** 122

Unidade 8 126
Texto 1 – "O céu está caindo!", de Rosane Pamplona 126
Gramática – Masculino e feminino 132
Gramática – Singular e plural 135
Texto 2 – "Pesquisa revela verdadeira relação entre raposas e galinhas", de Triângulo Notícias 138
Ortografia – Palavras com **g** ou **j** 141
Pequeno cidadão – Aprender na rede ... 142

Unidade 9 .... **145**

Texto 1 – "O livro do palavrão",
de Selma Maria **145**

Ortografia – Palavras com **c** e **qu** **149**

Texto 2 – "O peixinho perdeu o inho",
de Sonia Junqueira **151**

Gramática – Diminutivo e aumentativo **155**

Unidade 10 .... **160**

Texto 1 – "Conto ou não conto?",
de Abel Sidney **160**

Gramática – Adjetivo **166**

Texto 2 – "Diário de Biloca",
de Edson Gabriel Garcia **168**

Ortografia – Palavras com **g** e **gu** **170**

Unidade 11 .... **174**

Texto 1 – "Aladim e a Lâmpada
Maravilhosa", de María Mañeru **174**

Gramática – Artigo **180**

Texto 2 – "Turma da Mônica: Magali",
de Mauricio de Sousa **183**

Ortografia – Palavras em que **x** tem som
de **z** **186**

Unidade 12 .... **188**

Texto 1 – "Procura-se o tatu-canastra",
Ciência Hoje das Crianças **188**

Gramática – Pronome **193**

Texto 2 – "Tatu", de Maria José Valero **195**

Ortografia – Palavras em que **s** tem som
de **z** **197**

Pequeno cidadão – Teclado acessível ... **200**

Unidade 13 .... **201**

Texto 1 – "Este é o Rabito", cartaz **201**

Gramática – Verbo – tempos verbais **206**

Texto 2 – "Por que o cachorro foi morar
com o homem", de Rogério Andrade
Barbosa **209**

Ortografia – Palavras com **x**, **s**,
sc ou **ss** **212**

Unidade 14 .... **214**

Texto 1 – "Pró-dente", de Fábio Bahia .. **214**

Gramática – Verbos terminados em **ar**,
er, **ir** **220**

Texto 2 – "Ter dentes brancos
e brilhantes", de Martin Oliver **224**

Ortografia – Palavras com **r** ou **rr** **226**

Unidade 15 .... **231**

Texto 1 – "Vida em quarentena: a rotina
dos jovens em casa", de Helena Rinaldi
e Joanna Cataldo **231**

Gramática – Sujeito **236**

Texto 2 – "Notícias", de Jonas Ribeiro .. **238**

Ortografia – Palavras em que **x** tem som
de **cs** **241**

Unidade 16 .... **245**

Texto 1 – "A zebra é um animal preto com
listras brancas ou branco com listras
pretas?", de Iberê Thenório e Mariana
Fulfaro **245**

Gramática – Predicado **249**

Texto 2 – "Tinta de dedos", texto
instrucional **251**

Ortografia – Palavras com **x** ou **ch** **255**

Brinque mais **259**

Encartes **267**

VAMOS BRINCAR

Trilha do 3º ano

1. Para esta brincadeira, são necessários dois jogadores.
2. O jogo é composto por:
   - 12 cartas com desafios e
   - um tabuleiro com 24 casas.
3. Para jogar, vocês vão precisar de:
   - um dado e
   - dois marcadores, que podem ser, por exemplo, tampinhas diferentes.
4. O objetivo do jogo é chegar ao final da trilha resolvendo corretamente todos os desafios.

Como jogar

1. Antes de começar o jogo, recorte as cartas da página 9 e ordene-as ao lado do tabuleiro, de acordo com a numeração.
2. Convide um colega para brincar.
3. Cada um lança o dado.
4. Quem tirar a maior pontuação inicia a brincadeira.
   O primeiro jogador deve lançar o dado e, com o marcador, movimentar-se pelo tabuleiro de acordo com a quantidade de pontos sorteada.
5. Se o jogador cair em uma casa numerada, deve observar a carta que corresponde a esse número e resolver o desafio dela.
6. O colega deve confirmar que a resposta está correta para o jogo prosseguir.

7. As casas não numeradas apresentam instruções que o jogador deve seguir. São elas:

> **Jogue novamente.**
> **Avance 1 casa.**
> **Volte 1 casa.**
> **Fique uma rodada sem jogar.**
> **Volte para o início do jogo.**
> **Coloque o marcador na mesma casa do seu colega.**

8. O jogo prossegue até um dos jogadores alcançar a casa CHEGADA.

Bom divertimento!

Coloque o marcador na mesma casa do seu colega

3

4

Fique uma rodada sem jogar

Jogue novamente

5

2

Volte para o início do jogo

Fique uma rodada sem jogar

6

1

Jogue novamente

PARTIDA

1
Em uma lista de chamada, qual destes nomes é o primeiro?

Caetano Silva
Bruna Alves
Dora Marcondes
Otacílio Pedroso Melo
Roberto Nunes Leal
João Inácio Tavares
Túlio Ferreto
Elisandra Sung

2
Em quais nomes de animais há encontros vocálicos?

touro
urutau
lagarto
coelho
tigre
hiena

3
Em qual destas palavras não há encontro consonantal?

globo
placa
poema
terrestre
vassoura
clarinete
estrela
feitiço
pluma
gaita
advogado
canela

4
Qual é a formação de pares incorreta?

cadela – cão
mulher – homem
madrinha – padrinho
ovelha – carneiro
aluna – colega
leoa – leão

5
Qual é o antônimo de cada elemento?

frio
fechado
calmo
cheio
alegre
longe

6
Leia primeiro as palavras com acento circunflexo. Depois, as palavras com acento agudo.

ônibus
chapéu
troféu
distância
chaminé
mágico
gêmeo
jacaré
patrimônio
dicionário

7
O que estas palavras têm em comum?

caminhão
botão
mamão
balão
camarão
pão

8
Qual é o diminutivo destas palavras?

bala
urso
cachorro
sapato
casa
chapéu

9
Transforme estas frases em frases interrogativas.

O trem já partiu.
O mecânico consertou o carro.
A revista é sobre história em quadrinhos.

10
Qual é a sílaba tônica de cada palavra?

pente
maçã
lâmpada
chaleira
xícara
arara

11
Escolha um adjetivo para cada substantivo.

alegre – deliciosas – ensolarado – quebrado – novo – estrelada

frutas...
carro...
garota...
vaso...
dia...
noite...

12
Escolha um sinônimo abaixo para cada palavra destacada.

animada – saborosa – comprida – próximo – bonita

Vimos uma **bela** cachoeira.
Foi uma **longa** caminhada.
A salada está **deliciosa**!
Moramos **perto** da escola.
Vera está muito **eufórica**.

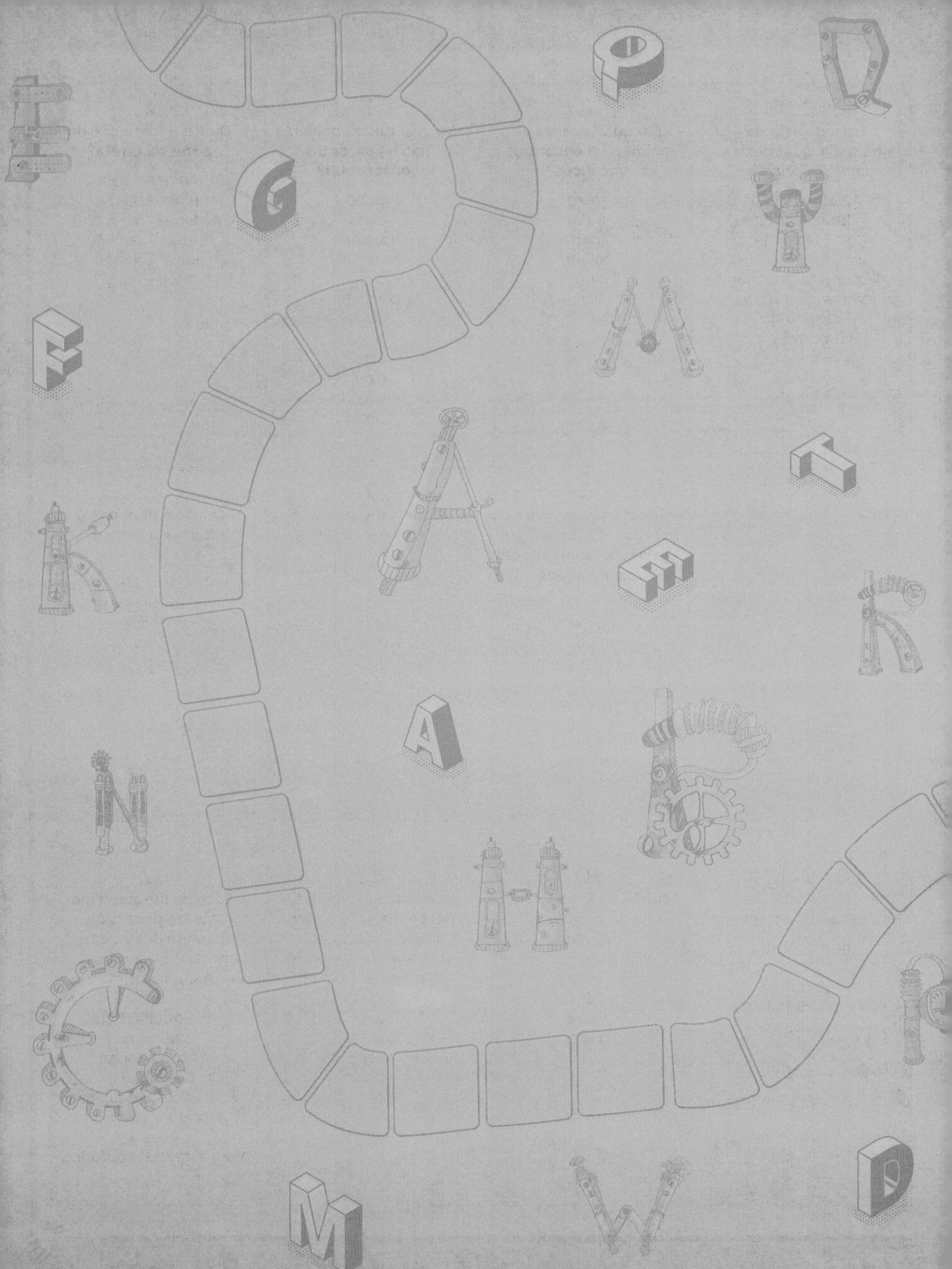

11 — Coloque o marcador na mesma casa do seu colega

10 — Volte para o início do jogo

9 — Fique uma rodada sem jogar

8 — Avance 1 casa

7

12 — Volte 1 casa

CHEGADA

Avance 1 casa

Claudia Marianno

UNIDADE 1

TEXTO 1

Leia o título da fábula e observe a cena.

Quem você acha que vai ganhar a corrida? Por quê?

A Lebre e a Tartaruga

A Lebre estava se vangloriando de sua rapidez diante dos outros animais:

— Nunca perco de ninguém. Desafio a todos aqui a participar de uma corrida comigo.

— Aceito o desafio! – disse a Tartaruga calmamente.

— Isto parece brincadeira. Poderei dançar à sua volta, por todo o caminho – respondeu a Lebre.

— Guarde sua **presunção** até ver quem ganha – recomendou a Tartaruga.

A um sinal dado pelos outros animais, as duas partiram. A Lebre saiu a toda velocidade.

Mais adiante, para demonstrar seu **desprezo** pela rival, deitou-se e tirou uma soneca.

A Tartaruga continuou avançando, com muita **perseverança**. Quando a Lebre acordou, viu-a já pertinho da chegada e não teve tempo de correr para cruzá-la primeiro.

Com perseverança, tudo se alcança.

Fábula de Esopo recontada pelos organizadores.

GLOSSÁRIO

Desprezo: falta de respeito, descaso, menosprezo.

Perseverança: insistência, ato de não desistir de algo, persistência.

Presunção: vaidade, orgulho.

BRINCANDO COM O TEXTO

1 Responda oralmente às questões.

a) Quem são as personagens da história?

b) A Lebre lançou um desafio. Qual foi ele?

c) Quem aceitou o desafio?

d) Qual foi a atitude da Lebre quando soube que competiria com a Tartaruga?

2 Ordene as ações dos animais durante a corrida.

☐ A Lebre resolveu tirar uma soneca.

☐ A Lebre saiu a toda velocidade.

☐ A Tartaruga continuou correndo.

☐ A Tartaruga ganhou a corrida.

☐ A Lebre acordou quando a Tartaruga estava perto da chegada.

☐ A Lebre e a Tartaruga partiram.

3 Qual é a moral da fábula *A Lebre e a Tartaruga*?
_____
_____

4 Escreva a moral da história com suas palavras.
_____
_____
_____

5 Escolha a alternativa que explica o que é **vangloriar-se**.

☐ Vangloriar-se é animar-se muito com algo que acontecerá.

☐ Vangloriar-se é sentir-se capaz de fazer alguma tarefa.

☐ Vangloriar-se é exibir-se, mostrar vaidade e orgulho.

6 Escreva **V** nas frases verdadeiras e **F** nas falsas.

☐ A Lebre achava que, em uma corrida, venceria qualquer animal da floresta.

☐ A Lebre pensava que ganharia a corrida com muito esforço.

☐ Ao ouvir a Lebre dizer que a corrida parecia brincadeira, a Tartaruga ficou com medo.

☐ Mesmo diante de uma adversária forte, a Tartaruga não desistiu de competir.

ORALIDADE

Histórias em áudio

O professor vai ajudá-lo a acessar o *site Era uma vez um* podcast, indicado a seguir: https://eraumavezumpodcast.com.br/category/fabulas/.

Nesse *site* você vai encontrar quatro fábulas em áudio em que os próprios animais contam suas histórias. Ouça-as com atenção.

- O Rato e o Elefante
- O Grilo e as Formigas
- A Raposa e o Corvo
- O Ratinho

Depois de ouvir as histórias, conte aos colegas de qual delas você mais gostou e o que aprendeu.

> **! SAIBA MAIS**

Uso do dicionário

Quando queremos saber o significado de uma palavra, podemos pesquisá-la em um dicionário.

Veja a seguir a reprodução de uma página de dicionário.

Mm

mobília   **molhar**

mobília (mo-bí-lia)
substantivo
Conjunto dos móveis de uma casa ou de parte de uma casa, de um escritório, etc.: *A **mobília** de meu quarto é composta por uma cama, uma cadeira e um armário.*

mochila (mo-chi-la)
substantivo
1. Espécie de saco que soldados, estudantes, escoteiros, etc. levam às costas, para carregar roupas, livros, etc. **2.** Saco de viagem.

moço (mo-ço)
• *adjetivo* **1.** Novo em idade; jovem: *Papai ainda é um homem **moço**.*
• *substantivo* **2.** Indivíduo jovem, do sexo masculino; rapaz: *O irmão de Joana é um **moço** bonito.* [Feminino: *moça*.]

moderno (mo-der-no)
adjetivo
Dos tempos atuais, mais próximos à nossa época: *Os aviões a jato são meios de transporte **modernos**.*

modificação (mo-di-fi-ca-ção)
substantivo
1. Atividade de modificar. **2.** Mudança.

modificar (mo-di-fi-car) *verbo*
1. Transformar a forma, a qualidade, etc., de; mudar: *A construção de muitas casas **modificou** este lugar.* **2.** Alterar o sentido de.

moeda (mo-e-da)
substantivo
1. Pequena placa de metal, geralmente em forma de círculo, que tem um valor determinado e que é trocada por mercadorias. **2.** O dinheiro de um país: *A **moeda** brasileira é o real.*

moer (mo-er) *verbo*
1. Reduzir a pó: ***Moeu** o grão para fazer o café.* **2.** Reduzir a pedaços muito pequenos: ***moer** a carne.*

moinho (mo-i-nho) *substantivo*
Aparelho movido pelo vento, por queda de água, animais ou motor e que serve para moer cereais.

moldar (mol-dar) *verbo*
Dar forma a: ***Moldei** o barro para fazer este vaso.*

moldura (mol-du-ra) *substantivo*
Peça com que se cercam objetos, como quadros, fotografias, estampas, etc.

mole (mo-le) *adjetivo*
1. Macio, fofo: *fruta **mole**; colchão **mole**.* **2.** Lento, vagaroso.

molhar (mo-lhar) *verbo*
1. Mergulhar em líquido: ***Molhou** o pão no leite.* **2.** Jogar líquido em: *Luísa **molha** as plantas todos os dias.* **3.** Receber líquido sobre si: *Carlos saiu na chuva e **molhou-se**.*

222

Aurélio Buarque de Holanda.
Aurelinho: Dicionário infantil ilustrado da língua portuguesa.
Curitiba: Positivo, 2008. p. 222.

No dicionário, cada palavra com seu significado é chamada de **verbete**.

Verbete, ou **entrada**, é o conjunto de explicações de uma palavra que encontramos no dicionário.

BRINCANDO COM O APRENDIZADO

1 Para que serve o dicionário? Converse com os colegas a respeito disso.

2 Circule o verbete que explica o significado da palavra **mobília**.

3 Nesse verbete, a palavra também aparece, logo no início, separada em sílabas. Como ela está separada?

_____

4 Quantos significados são dados a essa palavra?

☐ Um significado.

☐ Dois significados.

5 Observe as duas palavras que estão no alto da página do dicionário: **mobília** e **molhar**. Para que elas são usadas?

_____

_____

6 No dicionário, as palavras são organizadas em ordem alfabética. Ordene as palavras a seguir sem olhar no dicionário. Depois, confira se você acertou e, se necessário, faça correções.

> moinho   moer   moço
> moldar   mochila   moeda

_____

_____

_____

ORTOGRAFIA

Palavras com lh ou li

1 Escreva o nome das imagens.

a) _____
b) _____
c) _____
d) _____
e) _____
f) _____

2 Complete as palavras com **lh** e **li**; depois, copie-as.

> li   lh

a) mi____onário _____
b) fi____al _____
c) mobí____a _____
d) utensí____o _____
e) ervi____a _____
f) fi____o _____
g) fo____a _____
h) bo____a _____

3 Ordene as sílabas e forme palavras.

a) te | lhe | bi
_____

b) lia | tá | I
_____

c) nha | li | ga
_____

d) lia | Né
_____

4 Associe cada palavra ao grupo de letras que a completa. Depois, escreva as palavras formadas.

a) pa☐to ☐ lia _____

b) embru☐ ☐ lha _____

c) nava☐ ☐ li _____

d) famí☐ ☐ lio _____

e) domicí☐ ☐ leo _____

f) petró☐ ☐ lho _____

5 Complete os ditados populares com as palavras do quadro.

| telhado colhe galho melhor olham velho |

a) O seguro morreu de _____.

b) Cada macaco no seu _____.

c) Quem ri por último ri _____.

d) Quem semeia vento _____ tempestade.

e) A cavalo dado não se _____ os dentes.

f) Quem tem _____ de vidro não atira pedras ao do vizinho.

6 Escolha três palavras do quadro da atividade 5 e elabore frases com elas.

_____
_____
_____

TEXTO 2

No texto a seguir, os personagens também vão fazer uma aposta, dessa vez para saber quem é mais forte. Quem você acha que vai ganhar?

O jabuti e o caipora

[...]
Certo dia, o jabuti
Numa árvore encostou,
Pegou sua flauta doce,
Delicado ele tocou,
Quando veio o **caipora**
Porque o som dela escutou.

Quando viu o jabuti,
Começou a lhe falar:
— Vamos ver quem é mais forte,
Com você, quero apostar!
— Isso mesmo, caipora,
Mas é claro, eu vou ganhar.

GLOSSÁRIO

Caipora: personagem fantástico de origem indígena, protetor das árvores e dos animais, que pune quem agride a natureza.

O caipora foi ao mato,
Um cipó ele cortou,
Segurou uma ponta e a outra
Para o jabuti entregou,
Disse: – Você vai pra água,
Pra floresta agora eu vou.

Claro que o jabuti
Conhecia a força alheia,
Mas pensou: – Na esperteza,
Ninguém mesmo me aperreia,
Eu amarro o meu cipó
Bem no rabo da baleia.

O caipora sem saber,
O cipó forte puxou,
A baleia irritada
Para o fundo ela nadou,
Deu um tranco no caipora
Que pro mar logo voou.

Assustado o caipora
Disse: – Pare, por favor!
Jabuti, eu já desisto,
Você é o vencedor,
Nunca mais quero saber
De apostar com o senhor.
[...]

César Obeid. *Cordelendas: histórias indígenas em cordel*. São Paulo: Editora do Brasil, 2014. p. 36-37.

BRINCANDO COM O TEXTO

1) Ligue as palavras ao sentido delas no texto.

a) aperrear   Puxão imprevisto e forte.

b) cipó   Que é do outro.

c) tranco   Aborrecer, chatear.

d) alheio   Ramo fino e mole das árvores.

2) Quem são os personagens do poema?
_____
_____

3) O que um personagem propôs ao outro?
_____
_____
_____

4) Qual foi a resposta do jabuti?
_____
_____

5) Quem ganhou a aposta e de que forma?
_____
_____
_____

GRAMÁTICA

Letra inicial maiúscula ou minúscula

As palavras podem ser escritas com letra inicial maiúscula ou minúscula. Veja:

menina

Teatro de Santa Isabel, Recife, Pernambuco, 2015.

Usamos letra **inicial maiúscula**:
- em nomes próprios de pessoas, lugares, animais, ruas e casas comerciais. Exemplos: **C**arlos, **E**spírito **S**anto, **T**otó, **R**ua **S**ão **B**ento;
- em início de frases. Exemplo: **O** dia está ensolarado.

Usamos **letra inicial minúscula** para escrever nomes comuns. Exemplos: **s**apato, **r**evista, **l**obo, **c**adeira.

ATIVIDADES

1) Complete os espaços com letras maiúsculas ou minúsculas.

a) O ____ato ____rajola dorme no ____ofá de ____anaína.

b) ____iviane comemorou o ____ol do ____rasil.

c) A Praça da ____é fica na ____idade de ____ão ____aulo.

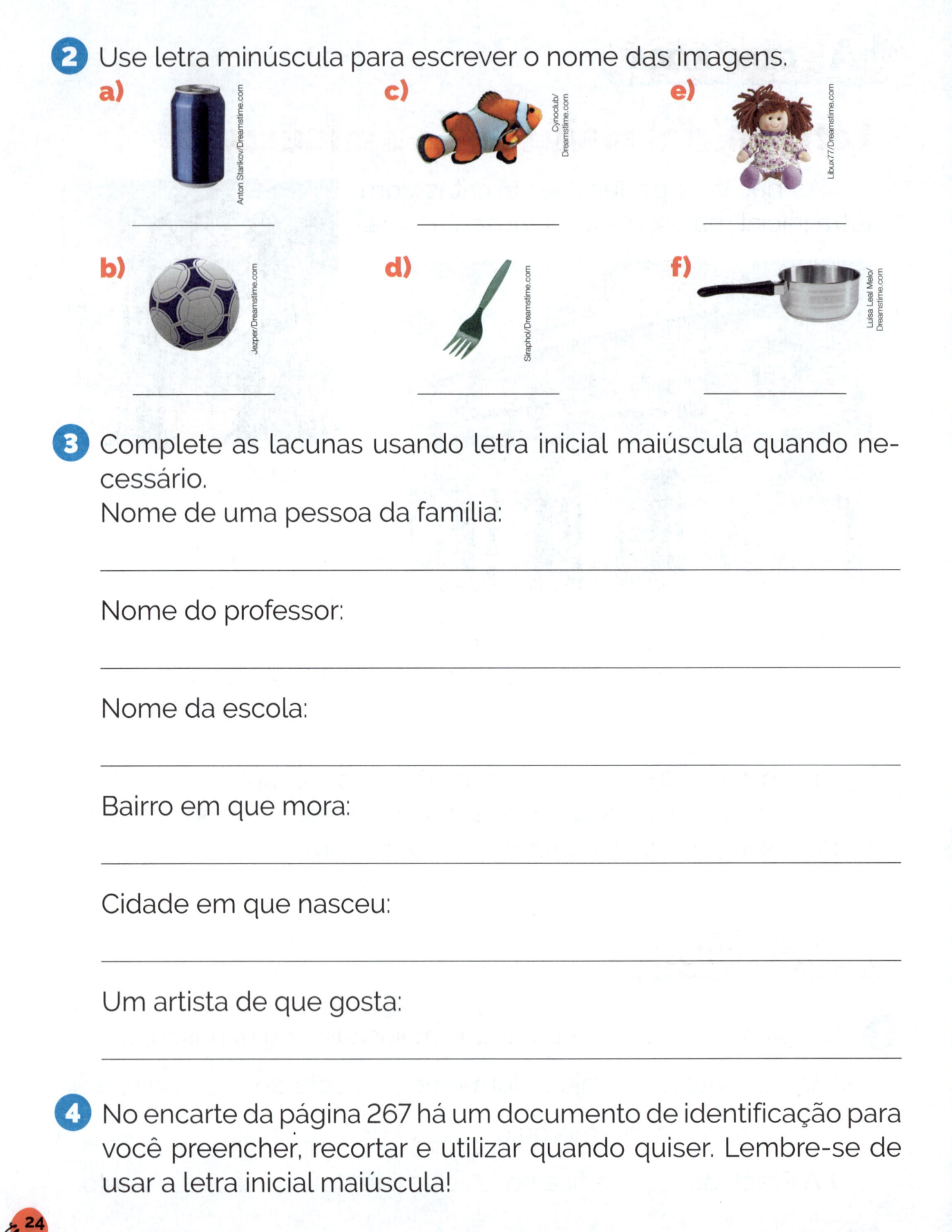

2 Use letra minúscula para escrever o nome das imagens.

a) _____   c) _____   e) _____

b) _____   d) _____   f) _____

3 Complete as lacunas usando letra inicial maiúscula quando necessário.

Nome de uma pessoa da família:
_____

Nome do professor:
_____

Nome da escola:
_____

Bairro em que mora:
_____

Cidade em que nasceu:
_____

Um artista de que gosta:
_____

4 No encarte da página 267 há um documento de identificação para você preencher, recortar e utilizar quando quiser. Lembre-se de usar a letra inicial maiúscula!

5 Complete as frases com letra maiúscula ou minúscula e reescreva-as.

a) ____aria é uma ____luna muito aplicada.

_____

b) ____alvador é a ____apital da ____ahia.

_____

c) ____oberto é ____migo de Paulo.

_____

6 Ordene as palavras e escreva as frases.

a) a maratona Malu correu.

_____

b) de é Floquinho o Júlia coelho.

_____

c) nasceu Pirenópolis Osvaldo em.

_____

d) vive Mimosa A sítio vaca no.

_____

7 Reescreva as placas usando letra inicial maiúscula.

a) Rua Melo de Sousa

_____

b) Rodovia Estadual a 300 m

_____

BRINCANDO COM A CRIATIVIDADE

Fábula

Na fábula *A Lebre e a Tartaruga*, as personagens apostaram uma corrida para saber qual era a mais rápida. No cordel *O jabuti e o caipora*, os personagens fizeram uma aposta para saber qual era o mais forte.

Observe agora esta dupla de animais. Qual deles é mais rápido? E qual é mais forte?

Com um colega, você escreverá uma fábula que será lida por outras duplas da turma.

Planejar

1. Converse com o professor e os colegas para planejar uma fábula com esses animais. O que poderia acontecer se eles apostassem uma corrida? E se eles disputassem a força? Eles podem fazer outro tipo de aposta? Qual? Que ensinamento uma história com esses personagens pode transmitir aos leitores?

Produzir

1. Reúna-se com o colega para escrever a fábula. Escrevam uma primeira versão da fábula nas linhas a seguir.
2. Lembrem-se de criar alguns diálogos entre os animais, como vimos nos textos desta unidade. Usem letras maiúsculas quando necessário.

_____
_____
_____
_____
_____
_____
_____
_____
_____
_____
_____

Reler

1. Releiam a história que vocês criaram. O que pode ser melhorado nela? Tentem fazer isso.

Revisar

1. Observem se vocês criaram diálogos e se usaram letras maiúsculas no texto. Além disso, verifiquem se o professor tem alguma sugestão para melhorar ainda mais o texto que vocês escreveram.

Editar e compartilhar

1. Vocês gostaram das observações do professor? Há algo que pode ser modificado no texto? Reescrevam a fábula em uma folha de papel avulsa. Depois, compartilhem-na com as outras duplas.

UNIDADE 2

TEXTO 1

Observe a ilustração que acompanha o texto. A que personagem ela faz referência?

A peleja de Chapeuzinho Vermelho com o Lobo Mau

[...]
Diz a história que havia
Uma jovem boazinha
Querida por sua mãe
Amada pela avozinha
Da qual ganhou de presente
Uma capa diferente.
Vermelha. Bem bonitinha.

Essa capa de veludo
Sobre a cabeça ela atava
Chamando muita atenção
Nos lugares que passava.
Atraindo, feito espelho.
De "Chapeuzinho Vermelho"
Todo mundo lhe chamava.

A própria mãe disse um dia
– Chapeuzinho, venha cá.
Pegue este pão de ló
E este suco de cajá.
Leve para vovozinha
Que se encontra sozinha
Tão doente... siga já!
[...]

Arievaldo Viana. *A peleja de Chapeuzinho Vermelho com o Lobo Mau*. São Paulo: Globo, 2011. [Livro eletrônico]

BRINCANDO COM O TEXTO

1 Do texto que você leu, escreva o que se pede.

   a) O título: _____.

   b) O nome do autor: _____.

2 O que a menina ganhou de presente? Quem deu esse presente a ela?

   _____
   _____

3 Por que a menina era chamada de Chapeuzinho Vermelho?

   _____
   _____

4 Copie a fala da mãe da Chapeuzinho.

   _____
   _____
   _____
   _____
   _____

5 O que havia na cesta? Desenhe no quadro abaixo.

BRINCANDO COM O APRENDIZADO

1 Escreva em ordem alfabética o nome das imagens.

_____

_____

2 Complete as frases com letra maiúscula ou minúscula e reescreva-as.

a) _____ _____alhaço _____aramelo dá _____ambalhotas.

_____

b) _____oje eu vou ao _____inema com _____sabela.

_____

c) _____amãe gosta muito de _____mpada.

_____

d) _____ tutora do cachorro _____hor chama-se _____aura.

_____

3 Complete as palavras com **lh** ou **li**.

a) agu_____a

b) Marí_____a

c) famí_____a

d) ga_____o

e) Amé_____a

f) agasa_____o

GRAMÁTICA

Encontro vocálico

Observe as palavras a seguir.

cad**ei**ra   cen**ou**ra   cad**ea**do

Nas palavras **cadeira** e **cenoura**, duas vogais estão juntas na mesma sílaba: ca-**dei**-ra, ce-**nou**-ra.

Na palavra **cadeado**, as vogais do encontro vocálico **ea** ficam em sílabas separadas: ca-d**e**-**a**-do.

> Em uma palavra podemos encontrar duas ou mais vogais juntas, formando um grupo de vogais. A esse grupo de vogais chamamos **encontro vocálico**.

ATIVIDADES

1 Complete as palavras com os encontros vocálicos **ai**, **ei** ou **oi**.

a) c____pira

b) l____te

c) c____xa

d) bisc____to

e) mant____ga

f) r____nha

g) cart____ra

h) n____te

i) b____

2 Escreva as palavras da atividade anterior em ordem alfabética.

_____

_____

3 Escreva o nome das imagens e sublinhe os encontros vocálicos.

a) _____   c) _____   e) _____

b) _____   d) _____   f) _____

4 Separe as palavras em sílabas e indique o encontro vocálico.

a) piada _____ ☐   d) aula _____ ☐

b) miolo _____ ☐   e) violeta _____ ☐

c) luar _____ ☐

5 Complete as palavras com os encontros vocálicos que faltam.

a) t____ro   e) bes____ro   i) mant____ga
b) s____dade   f) matér____   j) l____tor
c) papag____o   g) j____a   k) r____l
d) ág____   h) fantas____   l) l____ro

6 Organize as frases, escreva-as e sublinhe os encontros vocálicos.

a) contou sobre uma piada Titia o rei.

_____

b) fez doce um delicioso de ameixa Lídia.

_____

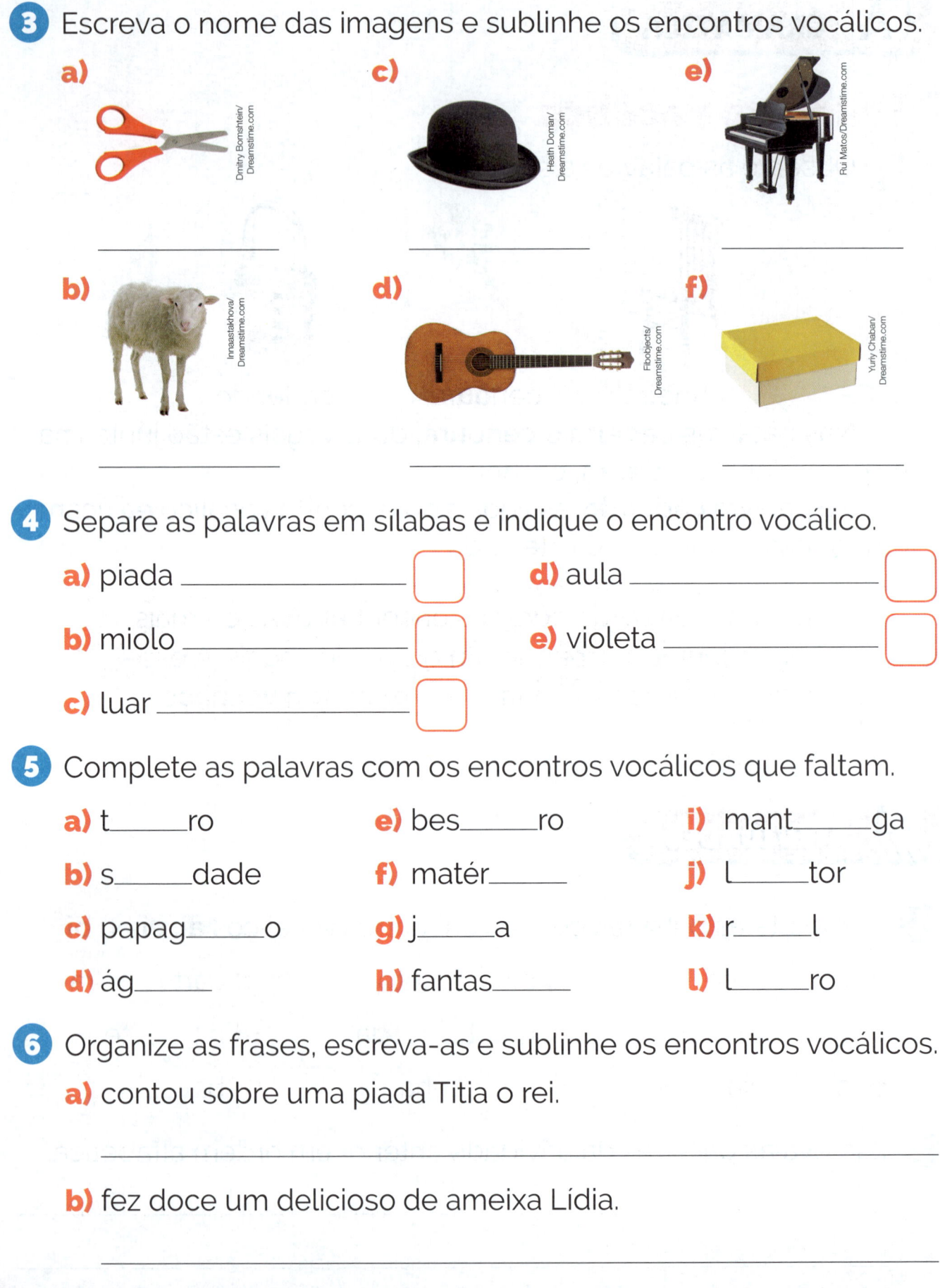

c) vou Não comprar a flauta.

_____

d) uma caixa Papai comprou de frutas.

_____

7 Leia a tirinha a seguir.

> OI, GENTE! É HORA DA MENSAGEM DO DIA!
>
> TENTE FAZER SEMPRE O SEU MELHOR...
>
> ...SE NÃO DER, APENAS LEVANTE DESSA CAMA E TOME BANHO!

Clara Gomes. *Bichinhos de Jardim*.

a) Circule na tirinha as palavras que têm encontro vocálico.

_____

b) Encontre as palavras que você circulou no diagrama a seguir. Depois, encontre mais quatro palavras com esses mesmos encontros vocálicos.

A	O	P	T	U	R	E	Y	D	I	A	H
M	Ã	O	S	O	T	N	U	H	U	O	S
N	R	O	O	F	P	L	H	D	E	U	T
D	C	K	E	D	O	I	D	R	L	E	N
P	E	S	R	W	D	A	R	R	G	F	Ã
I	I	P	T	E	R	E	T	T	N	W	O
A	W	S	E	U	I	W	H	I	H	A	N
T	N	I	A	O	H	N	N	B	O	I	E

TEXTO 2

Observe a ilustração. Quem são os personagens? Eles parecem amigos? Você imagina o que vai acontecer nessa história?

O Lobo Mau e o Chapeuzinho Vermelho

— Bom dia, Lobo Mau.
— Bom dia, Chapeuzinho.
— Vamos para casa da minha vó?
— Eu é que não!
— Vamos lá, estou levando uma torta.
— Já conheço essa história.
— E então?
— Melhor não.
— O Caçador vai estar lá.
— E você quer que eu vá?
— Se você não comer ninguém...
— Agora só como verdura com tofu.
— E torta?
— Pode ser.
— Vamos apostar uma corrida?
— Não, vamos andar juntos.
— Você tem medo?
— Não quero virar defunto.
— O Caçador abandonou a espingarda dele.
— Ele não caça mais?
— Não. É namorado da vovó.
— Ela gosta de animais?
— Que nem eu gosto de você.
— Então vamos, coração.
— Vamos, dê-me sua mão.

Gilles Eduar. *Diálogos interessantíssimos*. São Paulo: Companhia das Letrinhas, 2013. p. 32 e 33.

BRINCANDO COM O TEXTO

1 Quem são os personagens do texto?

_____

_____

2 Qual é o convite que um personagem faz ao outro?

_____

_____

3 Qual é a resposta do outro personagem ao convite? Por quê?

_____

_____

4 O que o Lobo come? Assinale a alternativa correta.

☐　　　　　　　☐　　　　　　　☐

5 A história que você leu é diferente da que você conhecia? Explique as diferenças.

_____

_____

_____

_____

GRAMÁTICA

Encontro consonantal

Observe as palavras.

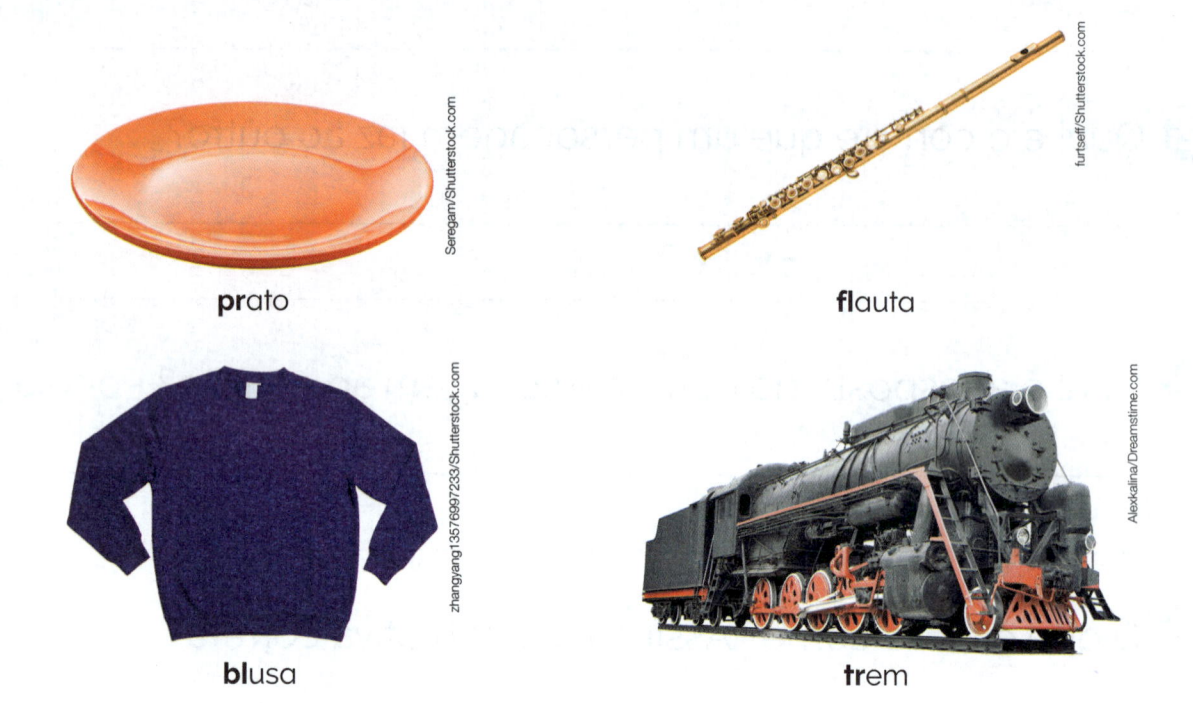

prato

flauta

blusa

trem

Nas palavras **prato**, **flauta**, **blusa** e **trem**, há duas consoantes juntas – **pr**, **fl**, **bl** e **tr** – com os dois sons bem pronunciados e distintos. Temos aí um **encontro consonantal**.

> A união de duas ou mais consoantes em uma mesma palavra é chamada de encontro consonantal.

Há encontros consonantais:
- com as consoantes na **mesma sílaba**, como em **pl**a-ca (a segunda consoante é sempre **r** ou **l**);
- com as consoantes em **sílabas diferentes**, como em a**d**-**v**o-ga-do;
- com grupos consonantais inseparáveis no início dos vocábulos, como em **ps**i-có-lo-go, **gn**o-mo, **pn**eu-mo-nia.

ATIVIDADES

1 Sublinhe os encontros consonantais.

a) claro
b) criatura
c) trilho
d) preguiça
e) floresta
f) plano
g) programa
h) prato
i) cloro
j) flor
k) trem
l) braço

2 Complete as palavras com os encontros consonantais que faltam.

a) _____aco
b) _____imeiro
c) a_____icado
d) _____o_____ema
e) pe_____a
f) _____iga
g) es_____ada
h) _____ogaria
i) vi_____o
j) _____afite
k) _____uzeiro
l) _____ator

3 Complete o diagrama com o nome das imagens.

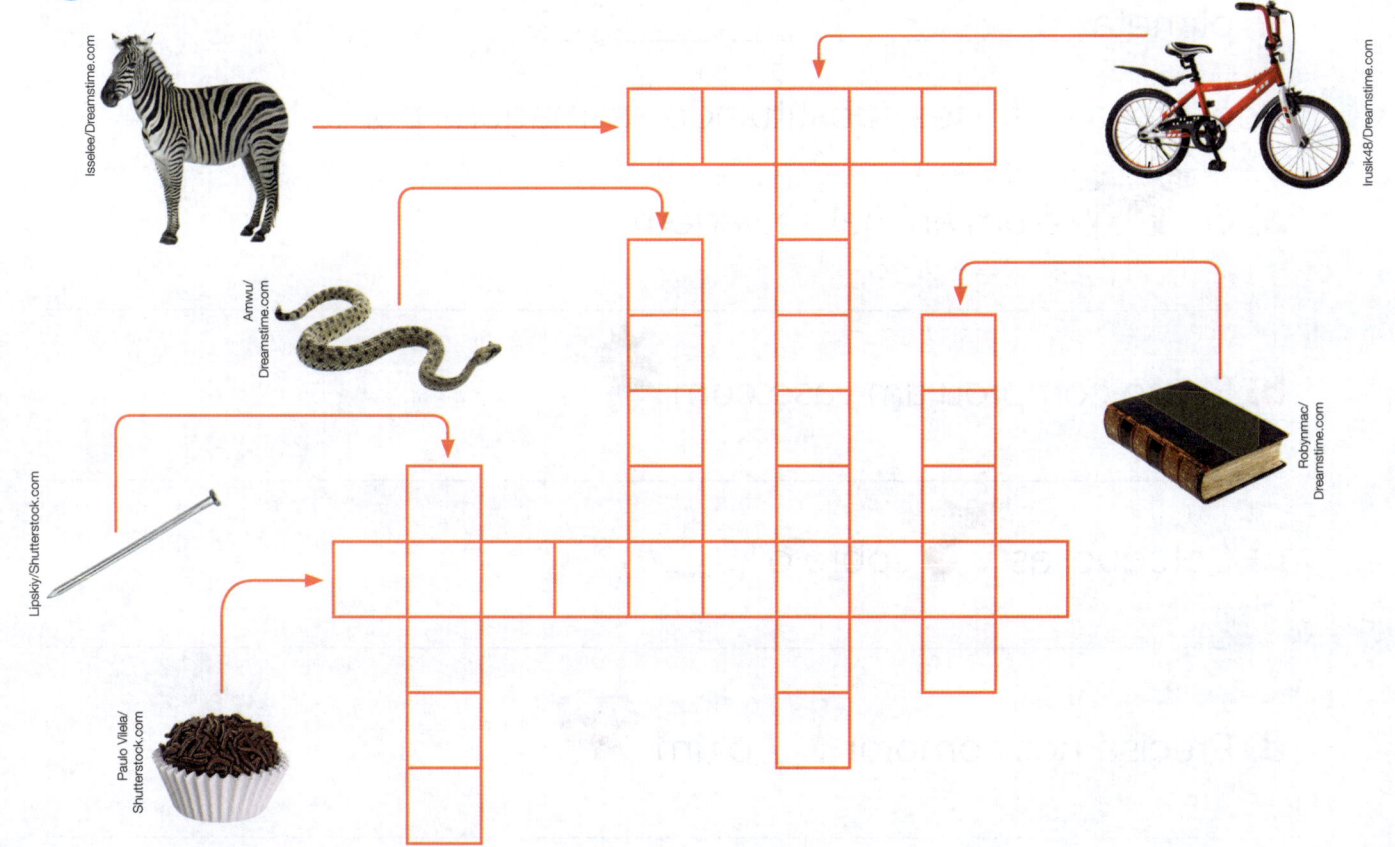

4 Separe as palavras em sílabas e destaque os encontros consonantais.

a) brabeza _____ ☐

b) prefeito _____ ☐

c) tricô _____ ☐

d) cratera _____ ☐

5 Separe as palavras em sílabas e sublinhe o encontro consonantal.

a) grama _____

b) abraço _____

c) grande _____

d) globo _____

e) freio _____

f) planeta _____

6 Reescreva as frases substituindo as imagens por palavras.

a) O 🐯 é um animal selvagem.

_____

b) Flávio comprou um vaso com 🪴.

_____

c) Coloquei as 🍌🍎 sobre o 🍽️.

_____

d) Precisamos comprar 🔩 e um 🐷.

_____

GRAMÁTICA

Til

Leia as palavras a seguir.

limão   botão

O nome do sinal que aparece nas palavras **limão** e **botão** é **til** (~).

> Colocamos o **til** (~) sobre as vogais **a** e **o** para dar um som nasal, isto é, um som que sai parte pela boca e parte pelo nariz.

ATIVIDADES

1 Complete as palavras com **a** ou **ã**, depois reescreva as frases.

a) O c____o gost____ de comer r____ç____o.
_____

b) O sab____o tem cheiro de m____ç____.
_____

c) Jo____o toma suco de mel____o.
_____

2 Reescreva as frases colocando o til (~) onde for necessário.

a) Nao devemos soltar balao.

_____

b) O piao roda pelo chao.

_____

c) Papai preparou pirao para Tiao.

_____

d) O aviao saiu de Sao Paulo.

_____

e) O cao latiu do portao.

_____

3 Complete o diagrama com o nome das imagens.

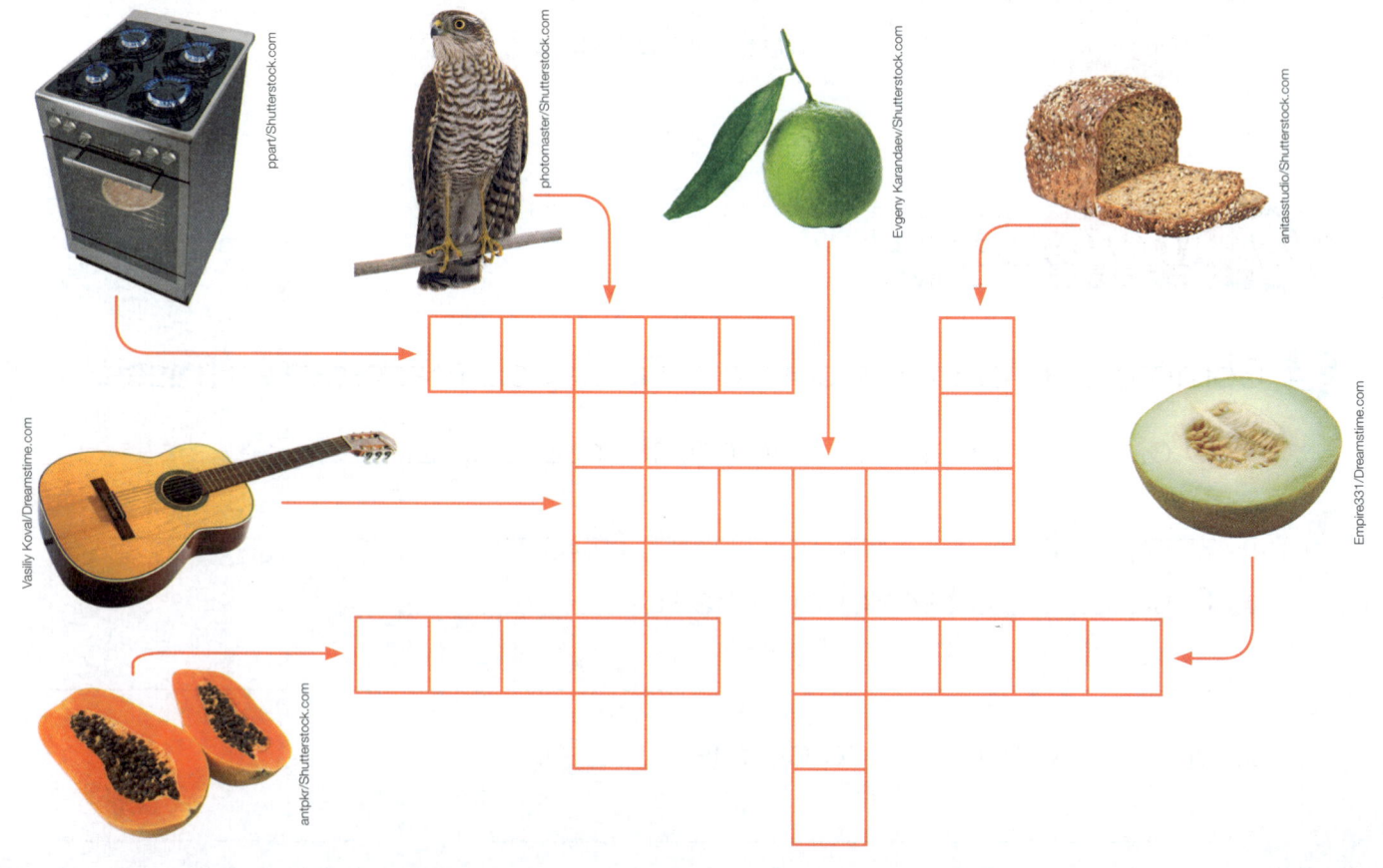

ORALIDADE

Leitura dramatizada

Releia silenciosamente o texto "O Lobo Mau e o Chapeuzinho Vermelho". Depois, faça uma leitura em voz alta.

Em seguida, reúna-se com um colega para fazer uma leitura dramatizada desse texto para o professor e os colegas da turma. Um de vocês será o Lobo Mau. O outro, Chapeuzinho Vermelho.

Leiam o texto várias vezes em voz alta. Ao fazerem essa leitura, tentem dar ritmo e entonação adequados a cada fala. Procurem transmitir emoção em relação ao que está sendo falado. Se quiserem, criem vozes diferenciadas para cada personagem, a fim de prender a atenção dos ouvintes.

Pronunciem as frases e as palavras de modo que os ouvintes consigam ouvir e entender o que está sendo falado. Cuidado com a altura da voz e a velocidade da fala.

No dia combinado, o professor vai convidar uma dupla de cada vez para fazer a leitura dramatizada para os colegas.

BRINCANDO COM A CRIATIVIDADE

Versão de conto

Você viu que uma história pode ser contada de diferentes formas, pode ter diferentes versões.

Agora você irá produzir uma versão de Chapeuzinho Vermelho. As versões serão reunidas em um livro que ficará disponível no cantinho de leitura da sala, assim toda a turma terá acesso a ele.

Planejar

1. Pesquise o conto "Chapeuzinho Vermelho" em um meio impresso ou digital e leia-o. Depois, compartilhe com os colegas essa versão e conte a eles o que você achou da história.
2. Você escreverá uma versão dessa história contada por outro personagem. Primeiro, pense em quem irá contar a história: a mãe de Chapeuzinho, a avó, o Lobo, o Caçador?
3. Se na sua versão houver diálogos, pense nos personagens que participarão deles.
4. Planeje, também, uma ilustração para seu texto.

Produzir

1. Escreva nas linhas da página a seguir um rascunho de sua versão da história de Chapeuzinho Vermelho contada por outro personagem. Lembre-se de usar iniciais maiúsculas quando necessário, de fazer parágrafos, empregar o til e dar um título a sua história.

_____
_____
_____
_____
_____

Reler e revisar

1. Peça a um colega que releia seu texto e faça comentários para melhorá-lo. Faça o mesmo pedido ao professor.
2. Veja o que seu colega e o professor escreveram em seu texto. Confira se você usou maiúsculas, se fez parágrafos e empregou o til.

Editar

1. Corrija o que for necessário e escreva a versão final do texto em uma folha de papel avulsa. Ilustre a história.

Compartilhar

1. O professor vai ajudar você e os colegas a organizar as produções para compor um livro que ficará disponível no cantinho de leitura da sala de aula. Escolha com a turma um título bem interessante para o livro!

BRINCANDO

1 Ajude Chapeuzinho Vermelho a chegar à casa da vovozinha.

UNIDADE 3

TEXTO 1

Você gosta de assistir a filmes? Como escolhe o filme que vai ver? Gosta de filme com animais?

Leia o anúncio ao lado.

DOS SERES HUMANOS QUE CRIARAM **MEU MALVADO FAVORITO**

Você acha que eles fazem isso o dia todo?

A VIDA SECRETA DOS BICHOS

PETS

2016

BRINCANDO COM O TEXTO

1 Responda:

a) Qual é o objetivo desse anúncio?

_____
_____

b) Se no anúncio houvesse apenas texto ou apenas imagens, seria possível compreender a mensagem dele? Justifique sua resposta.

_____
_____
_____

2 Leia novamente esta frase do anúncio:

> DOS SERES HUMANOS QUE CRIARAM **MEU MALVADO FAVORITO**

Illumination Entertainment

a) Explique a frase com suas palavras.

_____
_____
_____

b) Por que o nome do filme foi escrito com letras diferentes? Assinale a alternativa correta.

☐ Para deixar o anúncio mais colorido.

☐ Para destacar o nome do filme.

☐ Não tem motivo, foi um erro.

3 Agora, preste atenção às imagens do anúncio.

a) Descreva os objetos e os seres do cartaz.

_____

_____

b) O que essas imagens compõem?

_____

_____

c) O que você acha que o cachorro está fazendo?

_____

_____

4 Releia a frase que está na porta. Marque um **X** nas características dessa frase.

☐ É curta.

☐ Chama a atenção.

☐ Relaciona-se aos animais do filme.

☐ Não tem nenhuma relação com os animais do filme.

☐ É extensa.

5 Ao ler o anúncio, você ficou interessado em assistir ao filme? Por quê?

_____

_____

_____

_____

BRINCANDO COM O APRENDIZADO

1 Escreva o nome das frutas e circule o encontro vocálico.

a)

b)

c)

_____   _____   _____

2 Complete as palavras com os encontros vocálicos adequados.

a) n _____ te

b) cord _____ ro

c) mam _____

d) p _____ lho

e) vulc _____

f) _____ la

g) m _____ lo

h) salt _____

i) d _____ tor

3 Agora, complete as palavras com os encontros consonantais adequados.

a) _____ obo

b) li _____ e

c) pe _____ a

d) _____ aro

e) po _____ a

f) _____ incipal

g) _____ icologia

h) _____ oto

i) ca _____ o

4 Reescreva as frases e sublinhe os encontros consonantais.

a) Pedro prometeu um doce para Adriana.

_____

b) Rodrigo emprestou quatro livros da biblioteca.

_____

c) Precisamos da blusa de flanela xadrez.

_____

GRAMÁTICA

Dígrafo

Releia esta frase do anúncio.

> Você a**ch**a que eles fazem i**ss**o o dia todo?

Nas palavras **acha** e **isso**, as letras **ch** e **ss** representam um único som. Chamamos esses casos de **dígrafo**.

> **Dígrafos** são duas letras juntas que representam apenas um som.

Veja alguns exemplos de dígrafos.

- lh – olho
- gu – dengue
- rr – carro
- nh – lasanha
- sc – piscina
- sç – desço
- qu – raquete
- xc – exceção
- ch – chato
- ss – assado

- As combinações **gu** e **qu** só são dígrafos antes das vogais **e** e **i**.
  Exemplos: **guer**-rei-ro; **gui**-a, **que**-ro, **Qui**-té-ria.
- Na divisão silábica, separamos as letras dos dígrafos **rr**, **ss**, **sc** e **sç**.
  Exemplos: ca**r**-**r**o, ma**s**-**s**a, na**s**-**c**i-do, de**s**-**ç**o.
- Não separamos as letras dos dígrafos **nh**, **lh**, **ch**, **gu** e **qu**.
  Exemplos: ni-**nh**o, ca-**lh**a, **ch**a-ve, **gui**-tar-ra, **qu**e-ri-do.

ATIVIDADES

1 Circule o dígrafo de cada palavra.

a) chifre
b) colher
c) joelho
d) alho
e) vizinho
f) bolacha
g) galinheiro
h) chá
i) barulho
j) milho
k) galho
l) barraca
m) banho
n) cachecol
o) broche
p) ninho

2 Complete as frases com os dígrafos do quadro.

| nh | lh | rr | ch | qu | ss | sc |

a) Ga___ei um fi___ote de ca___o___o.

b) ___ero de___er o mo___o de bicicleta.

c) O mergu___ador tomou ba___o de ___uveiro.

d) A mu___er es___eceu a ra___ete na quadra.

e) O menino a___umou o ni___o para o pá___aro.

f) O vizi___o fez um chu___asco na área da pi___ina.

3 Escreva o nome das imagens e circule os dígrafos.

a)

b)

c)

_____   _____   _____

GRAMÁTICA

Número de sílabas

Leia devagar e em voz alta.

A palavra pipoca tem três sílabas. Veja:

pi	po	ca
1	2	3

pi-po-ca

Agora, leia a palavra **sal**.

sal
1

A palavra **sal** tem uma sílaba.

sal

> De acordo com o número de sílabas, as palavras são classificadas em:
> - monossílabas – uma só sílaba, como flor, mão;
> - dissílabas – duas sílabas, como pipa, bola;
> - trissílabas – três sílabas, como cabana, peteca;
> - polissílabas – mais de três sílabas, como bicicleta, fotografia.

Portanto, a palavra **pipoca** é **trissílaba**, e a palavra **sal**, **monossílaba**.

ATIVIDADES

1 Indique quantas sílabas há em cada palavra.

a) casa ☐
b) pá ☐
c) apelido ☐
d) cabide ☐
e) só ☐
f) fofo ☐
g) telefone ☐
h) garfo ☐
i) mochila ☐

2 Escreva o nome das imagens e quantas sílabas há em cada palavra.

a) _____ ☐

b) _____ ☐

c) _____ ☐

d) _____ ☐

e) _____ ☐

f) _____ ☐

g) _____ ☐

h) _____ ☐

3 Escreva as palavras a seguir nas colunas correspondentes de acordo com o número de sílabas.

- trem
- vestido
- caracol
- canteiro
- animado
- caderno
- mês
- pula
- mel
- telefone
- dia
- mar
- sapateiro
- pipa
- folha
- escultura

Monossílaba	Dissílaba	Trissílaba	Polissílaba

4 Escreva cada sílaba em um quadrinho e pinte os que sobrarem.

a) regime

b) agitado

c) geladeira

d) geral

e) bicicleta

f) carrossel

5 Separe as palavras em sílabas e classifique-as como no modelo.

> geladeira   ge-la-dei-ra   polissílaba

a) circo

b) brincadeira

c) pé

d) bombom

e) girassol

f) correspondência

TEXTO 2

Leia o título do texto a seguir. Do que esse texto vai tratar?

Pets: A vida secreta dos bichos 2

SINOPSE E DETALHES

A partir de 6 anos

Nova York. A vida de Max e Duke muda bastante quando sua dona tem um filho. De início eles não gostam nem um pouco desse pequeno ser que divide a atenção, mas aos poucos ele os conquista. Não demora muito para que Max se torne superprotetor em relação à criança, o que lhe causa uma coceira constante. Quando toda a família decide passar uns dias em uma fazenda, os cachorros enfrentam uma realidade completamente diferente da qual estão acostumados.

Pets: a vida secreta dos bichos 2. *Tribuna de Petrópolis*, 4 jul. 2019. Disponível em: https://tribunadepetropolis.com.br/pets-a-vida-secreta-dos-bichos-2. Acesso em: 6 fev. 2020.

BRINCANDO COM O TEXTO

1 Responda às questões:

a) Por que aparece o número **2** no final do título do filme?
_____
_____

b) Quem são Max e Duke?
_____

c) O filme é recomendado para crianças a partir de que idade?
_____

d) Por que o texto não revela o que aconteceu com os cachorros quando toda a família foi passar uns dias em uma fazenda?
_____
_____

2 Observe a imagem que acompanha o texto.

a) O que a imagem mostra?
_____
_____
_____

b) Você sabe para que serve o objeto que o cachorro está usando?
_____
_____
_____

c) O cachorro parece feliz com esse instrumento? Por quê?

_____
_____
_____
_____

3 Complete os espaços em branco com as expressões do quadro, relacionando-as corretamente.

- Título do filme
- Subtítulo do filme
- Classificação indicativa
- Informação sobre lançamento
- Produtora do filme

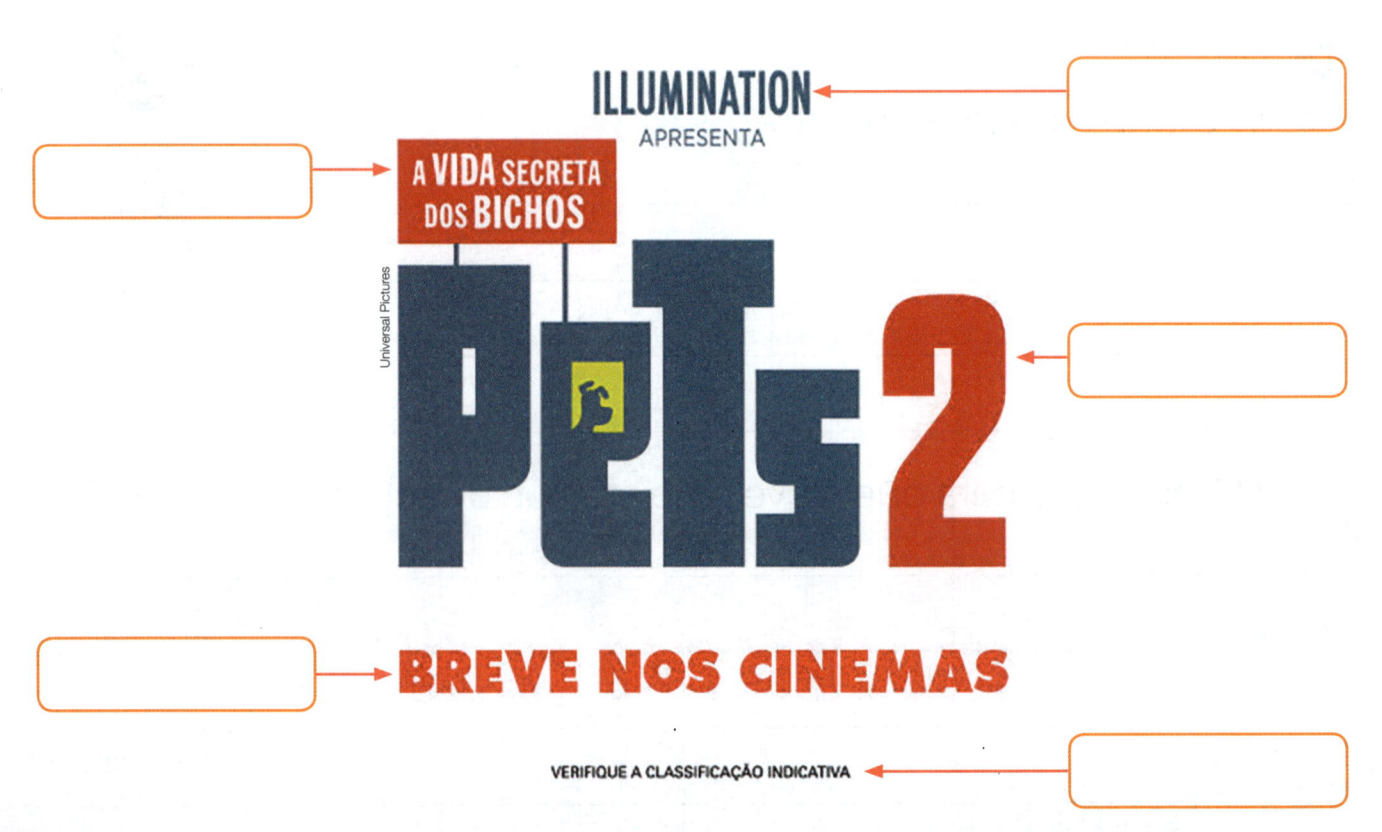

ILLUMINATION APRESENTA

A VIDA SECRETA DOS BICHOS

Universal Pictures

PETS 2

BREVE NOS CINEMAS

VERIFIQUE A CLASSIFICAÇÃO INDICATIVA

ORTOGRAFIA

Cedilha

Leia estas palavras do texto:

> atenção   relação   criança

Na letra **c** dessas palavras, há um sinal (¸), que se chama **cedilha**.

> **Cedilha** é o sinal que se coloca na letra **c** antes das vogais **a**, **o** e **u** para indicar o som do fonema **s**.
> Exemplos: açaí, paçoca, açúcar.

Nunca se põe cedilha antes das vogais **e** e **i**.
Não existe palavra na língua portuguesa iniciada com **ç**.

BRINCANDO COM O APRENDIZADO

1 Coloque cedilha (¸) nas palavras quando necessário.

a) O Pão de Acúcar é muito bonito.

b) A carroca é do carroceiro.

c) Celina vai almocar com Alice.

d) Comemos uma deliciosa macã.

e) O palhaco é engracado.

f) Cibele tem cinco lacos.

2 Complete as palavras com **c** ou **ç**.

a) a___ude

b) pra___a

c) po___o

d) tran___a

e) ___egueira

f) con___erto

g) ___ego

h) a___ertar

i) pre___o

j) ___ipó

k) ___etim

l) caro___o

3 Coloque a cedilha (¸) nas palavras quando necessário.

a) terca   **g)** cacula   **m)** graca

b) bacia   **h)** almoco   **n)** cabeca

c) raca   **i)** ciência   **o)** cebola

d) cidade   **j)** circo   **p)** crianca

e) vacina   **k)** cinema

f) pescoco   **l)** cigarra

4 Reescreva as frases colocando a cedilha (¸) quando necessário.

a) Cíntia está aprendendo danca.

_____

b) Célia é uma dancarina engracada.

_____

c) Márcia tem uma cesta cheia de macãs.

_____

d) Precisamos comprar acúcar na cidade.

_____

e) César tem bom coracão.

_____

5 Reescreva as frases substituindo as imagens pelo nome delas.

a) O pai colocou o filho no .

_____

b) A de água é para Ana.

_____

GRAMÁTICA

Palavras com m e n em final de sílaba

Leia as palavras em voz alta.

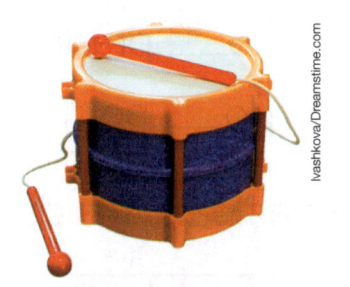

lâmpada   tambor   bombom

Palavras com marcas de nasalidade têm **m**, **n** ou **til** no final da sílaba.

> Antes das letras **b** e **p**, usamos sempre a letra **m**.

Outros exemplos: sa**mb**a, mari**mb**ondo, ca**mp**o.

Agora, leia estas outras palavras em voz alta:

banco   laranja   elefante

> Antes das outras consoantes que **não** sejam b e p, usamos sempre a letra **n**.

Outros exemplos: la**nt**erna, de**nt**ista, ba**nd**o.

ATIVIDADES

1 Complete as palavras com a letra **m**.

a) ba___ba
b) li___peza
c) ba___bolê
d) chu___bo
e) co___prador
f) po___bo
g) te___po
h) esta___pa
i) ta___borim

2 Complete o quadro com as palavras da atividade 1.

m antes de b	m antes de p

3 Complete as palavras com a letra **n**.

a) a___ta
b) to___tura
c) pi___tura
d) e___trada
e) ca___jica
f) ve___to
g) a___dorinha
h) mu___do
i) pa___deiro

4 Separe as palavras em sílabas.

a) pintor _____
b) anzol _____
c) comprido _____
d) ponteiro _____
e) estante _____
f) bombeiro _____
g) canção _____
h) pandemia _____
i) bambolê _____
j) pantanal _____
k) cambalhota _____
l) vento _____

5 Escreva o nome das imagens.

a) _____

b) _____

c) _____

d) _____

e) _____

f) _____

6 Complete corretamente as palavras com **m** ou **n**.

a) A____tônio deu um prese____te para Ama____da.

b) As cria____ças bri____cam de ba____bolê.

c) Co____prei uma e____pada de fra____go.

7 Separe as palavras em sílabas.

a) manto _____

b) caxumba _____

c) bando _____

d) ambiente _____

e) também _____

f) quilombo _____

8 Organize as palavras da frase na ordem correta.

a) da estante. O livro no canto está

_____

b) Comprei para você. um bombom

_____

BRINCANDO COM A CRIATIVIDADE

Anúncio publicitário

No início desta unidade, você viu um anúncio publicitário criado para divulgar um filme infantil.

Agora, você vai produzir, com os colegas e a ajuda do professor, um anúncio de filme infantil para fazer parte de um mural e convencer outros colegas a assisti-lo.

Planejar

1. Para começar, reúna-se com três ou quatro colegas.
2. Conversem sobre filmes infantis a que vocês já assistiram e de que gostaram muito.
3. Conversem, também, sobre filmes infantis que estão em cartaz no cinema ou que serão lançados em breve e que parecem ser boas dicas.
4. Qual desses filmes poderia ser divulgado? Por que vocês indicariam esse filme para outras crianças? E por que elas se interessariam em assistir ao filme?
5. Decidam qual será o filme anunciado. Se for possível, assistam-no juntos.

Produzir

1. Procurem, na internet, uma imagem bem interessante do filme escolhido.
2. Vocês também podem consultar dicas de filme infantil em jornais e revistas.
3. Criem frases curtas para o anúncio. Vocês podem lembrar, por exemplo, um acontecimento interessante da história, podem ler a sinopse do filme na internet ou conversar com outras pessoas que já assistiram a esse filme.

Use as linhas abaixo para anotar as frases.

_____
_____
_____
_____
_____

4. Troquem ideias sobre a cor, o tamanho e o tipo de letra que vão utilizar.
5. Verifiquem a melhor posição para inserir o texto na imagem. Façam isso com a ajuda do professor e de um programa de edição.

Reler

1. Releiam o anúncio. O que pode ser melhorado?
2. Verifiquem se vocês utilizaram letra inicial maiúscula onde era necessário, se escreveram corretamente as palavras e criaram um texto convincente.
3. Será que o professor tem alguma sugestão para melhorar ainda mais o texto que vocês escreveram? Peçam a opinião dele.

Revisar e editar

1. Antes de imprimir, releiam o anúncio, considerem as opiniões do professor e corrijam o que for necessário.

Compartilhar

1. Com o professor, exponham os anúncios no mural da escola. Vejam os anúncios dos colegas. Algum deles despertou o interesse de vocês para uma sessão de cinema em casa?

UNIDADE 4

TEXTO 1

Observe o texto. Você sabe o que é uma assembleia? Com base no título, você consegue imaginar qual é conteúdo do texto?

A assembleia dos ratos

Certa vez, os ratos se reuniram em uma **assembleia** para criar um plano com a finalidade de que todos soubessem antecipadamente quando o gato estava por perto.

Vários ratos apresentaram suas ideias, mas uma delas teve aprovação imediata. O plano era simples: pendurar um sino no pescoço do gato.

Assim, ao ouvirem o sino tocar, todos correriam para suas tocas.

Claudia Valente

O ratinho criador do plano foi **aclamado** pelos demais ratos por tamanha inteligência, todos o parabenizaram pela criatividade.

Porém, um velho e sábio rato ali presente, que até então nada dissera, questionou:

– Caros amigos, o plano é maravilhoso. Mas quem irá colocar o sino no pescoço do gato?

Silêncio geral. Ninguém se apresentou como voluntário.

Moral da história:
Falar é diferente de fazer.

Fábula de Esopo recontada pelos organizadores.

> **GLOSSÁRIO**
>
> **Aclamado:** aplaudido; aprovado com entusiasmo.
>
> **Assembleia:** reunião de pessoas com o objetivo de discutir um (ou mais) assunto e tomar uma decisão sobre ele.

BRINCANDO COM O TEXTO

1 Qual era o objetivo da assembleia?

_____
_____
_____

2 Por que nenhum rato quis pendurar o sino no pescoço do gato?

_____
_____
_____

3 Você acha que o rato velho foi realmente sábio? Por quê?

_____
_____
_____

4 Como se comportam os personagens da fábula na assembleia? As atitudes deles se parecem com atitudes de animais ou de seres humanos?

_____
_____
_____
_____

5 Que lição o texto ensina? Onde é possível encontrar essa lição no texto?

_____
_____
_____
_____

6 Converse com os colegas e com o professor sobre as perguntas a seguir.

a) Alguma vez uma ideia sua não deu certo no momento de praticá-la? Você descobriu a razão? Escreva-a.

_____
_____
_____

b) Você acha que se tivesse ouvido essa fábula antes, teria pensado melhor antes de praticar a ideia que citou no item **a**? Por quê?

_____
_____
_____

GRAMÁTICA

Sílaba tônica

Leia estas palavras e observe a sílaba destacada:

sa**bão**   ca**ne**ta   **ó**culos

> Cada palavra tem uma sílaba que é pronunciada com mais força que as outras. Essa sílaba é chamada **sílaba tônica**.

Observe:

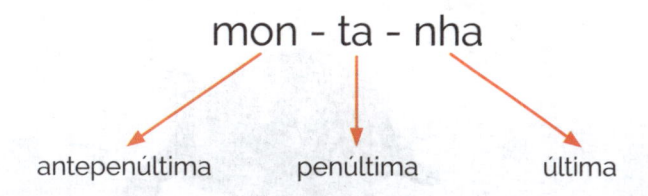

mon - ta - nha

antepenúltima   penúltima   última

Quanto à posição da sílaba tônica, as palavras podem ser classificadas em:

- **oxítonas**, quando a sílaba tônica é a **última**.
  Exemplos: li**mão**, a**não**, fu**nil**.
- **paroxítonas**, quando a sílaba tônica é a **penúltima**.
  Exemplos: **ve**la, pe**te**ca, pi**po**ca.
- **proparoxítonas**, quando a sílaba tônica é a **antepenúltima**.
  Exemplos: **ár**vore, **má**gico, **mé**dico.

ATIVIDADES

1 Pinte a sílaba tônica de cada palavra.

a) li | vro   d) ca | dei | ra   g) blu | sa

b) ca | fé   e) pé | ta | la   h) pá | gi | na

c) ga | ro | to   f) an | zol   i) es | co | la

2 Escreva o nome das imagens e sublinhe a sílaba tônica.

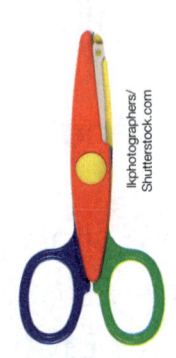

a) _____

b) _____

c) _____

d) _____

e) _____

f) _____

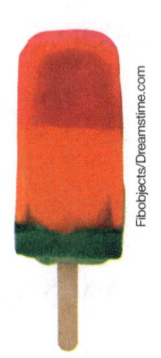

3 Leia as frases e grife as palavras oxítonas.

a) José limpou o jardim.

b) Papai colheu muitos abacaxis e muitos cajus.

c) Mamãe comprou melão, mamão e caqui.

4 Classifique as palavras quanto à posição da sílaba tônica.

> **1** oxítona   **2** paroxítona   **3** proparoxítona

- ( ) boneca
- ( ) caracol
- ( ) mágico
- ( ) líquen
- ( ) bombom
- ( ) cavalo
- ( ) ângulo
- ( ) pântano
- ( ) árvore
- ( ) jacaré
- ( ) garrafa
- ( ) mocotó

5 Escreva as palavras que o professor ditar na coluna correta.

Oxítonas	Paroxítonas	Proparoxítonas

6 Reescreva as frases substituindo as imagens pelo nome correspondente.

a) Laura comprou um [relógio] e um [boné].

_____

b) Rogério toma [café] e [chá].

_____

c) Ele machucou o [pé] direito.

_____

TEXTO 2

Você já ouviu o som de uma flauta? Já ouviu falar do Flautista de Hamelin?

O flautista de Hamelin

Há muitos séculos, os habitantes de Hamelin encontraram numa manhã a cidade **repleta** de ratos **famintos**. Eles estavam devorando todos os grãos armazenados nos **celeiros** dos comerciantes.

Apavoradas, muitas pessoas começaram a fugir da cidade. Desesperadas, as que ficaram reuniram-se e decidiram oferecer uma grande recompensa a quem acabasse com aquela terrível invasão de ratos.

Logo surgiu um flautista, a quem ninguém havia visto antes, e lhes disse: "A recompensa será minha. Esta noite não haverá um só rato em Hamelin".

Ele pegou sua flauta e saiu pelas ruas de Hamelin entoando uma música que encantava os ratos e fazia com que todos o seguissem, totalmente hipnotizados pela linda melodia **oriunda** do instrumento.

O flautista seguiu então por uma longa estrada, ao fim da qual havia um grande rio. Os ratos, ao tentar atravessá-lo para seguir o flautista, morreram afogados. Assim, os habitantes de Hamelin se viram livres da odiosa praga de ratos que lhes havia tirado o sossego.

No dia seguinte, o flautista foi falar com os responsáveis pela cidade que prometeram entregar uma grande recompensa em dinheiro a quem desse fim aos ratos. No entanto, o Conselho da Cidade, por pura **avareza**, decidiu não pagar o flautista pela **exterminação** dos animais.

Furioso com a atitude dos homens avarentos do Conselho da Cidade de Hamelin, o flautista decidiu se vingar.

Numa linda manhã, quando todos os habitantes estavam na igreja, o flautista começou a tocar sua flauta e a hipnotizar todas as crianças da cidade, levando-as para uma caverna e aprisionando-as lá para sempre.

Nunca mais as crianças apareceram, e a cidade de Hamelin ficou triste, silenciosa.

Por mais que se tenha procurado, nunca mais se encontrou lá nem um rato nem uma criança.

Conto dos Irmãos Grimm recontado pelos organizadores.

GLOSSÁRIO

Avareza: mesquinhez, falta de generosidade.

Celeiros: depósitos de cereais.

Exterminação: ato ou efeito de exterminar, de destruir, de eliminar algo.

Famintos: com fome.

Oriunda: vinda, originada.

Repleta: cheia, com muitos.

BRINCANDO COM O TEXTO

1 O que aconteceu na cidade de Hamelin?
_____
_____

2 O que as pessoas que ficaram na cidade decidiram fazer?
_____
_____

3 Quem apareceu? E o que disse?
_____
_____

4 Conte com suas palavras o que essa pessoa fez para acabar com os ratos.
_____
_____
_____

5 A pessoa recebeu sua recompensa? Por quê?
_____
_____

6 O que o flautista decidiu fazer? E como fez isso?
_____
_____
_____

PEQUENO CIDADÃO

Como ouvimos música

O Flautista de Hamelin utilizava sua flauta para encantar. Você sabe como as canções eram registradas antigamente para que as pessoas pudessem escutá-las quando desejassem?

Veja alguns exemplos de objetos que armazenavam músicas no passado e outros que são usados atualmente.

Cilindro fonográfico da década de 1910.

Fita cassete dos anos 1980.

Disco de vinil dos anos 1980.

CD dos anos 1990 a 2010, ainda utilizado.

Atualmente, há diversos aparelhos em que é possível escutar música, como o *smartwatch*.

Agora podemos ouvir músicas pelos serviços de transmissão digital chamados *streaming*.

Converse com os colegas e com o professor sobre as questões a seguir.

1. Você já tinha visto algum desses objetos mais antigos? Quais?
2. Como você escuta suas músicas favoritas?
3. Em sua opinião, era mais fácil escutar músicas antigamente ou é mais fácil agora? Comente com os colegas e o professor.

> **SAIBA MAIS**

Os Irmãos Grimm

Os autores de *O Flautista de Hamelin* são Jacob e Wilhelm Grimm, mais conhecidos como Irmãos Grimm. Provavelmente você já ouviu ou leu histórias deles, como *Rapunzel*, *João e Maria*, *A Gata Borralheira*, *Chapeuzinho Vermelho* e muitas outras.

Jacob nasceu em 1785 e Wilhelm, em 1786, na Alemanha. Depois de se formarem na universidade, dedicaram a vida ao registro de histórias infantis e do folclore alemão que eram contadas pelos adultos.

Os Contos de Grimm foram publicados em 1812, com 86 histórias. Mas, ao longo dos anos, a quantidade de contos foi aumentando e, em 1857, o número chegou a 211.

Jacob e Wilhelm Grimm morreram entre 1859 e 1863 e deixaram histórias que lemos e contamos até hoje. Muitas delas foram transformadas em filmes e peças de teatro.

ORALIDADE

Recontando um conto

Pesquise em livros da biblioteca, do cantinho de leitura ou na internet outras histórias dos Irmãos Grimm. Escolha uma para ler sozinho.

Depois da leitura individual, junte-se a alguns colegas e forme um pequeno grupo. Conte a eles a história que você leu e o que achou dela. Escute com atenção o que eles também vão contar. Escolham, juntos, uma história que irão recontar à turma. Façam desenhos para representar as partes principais.

No dia determinado pelo professor, organizem-se para recontar a história aos colegas dos outros grupos usando os desenhos que fizeram. Cada integrante pode recontar um trecho.

GRAMÁTICA

Acento circunflexo e acento agudo

Leia as palavras a seguir.

pêssego

lâmpada

Nas palavras **pêssego** e **lâmpada**, há um sinal sobre as vogais **e** e **a**. É o **acento circunflexo** (^).

O acento circunflexo é usado para:
- indicar o som fechado das vogais em algumas palavras e, ao mesmo tempo, indicar a sílaba tônica, como em **buquê**, **metrô**, **três**, **purê**, **ciência**, **judô**;
- marcar a diferença entre monossílabas quase iguais, como (ele) **tem**/(eles) **têm**.

Agora, leia estas palavras:

jacar**é**

p**é**rola

Na letra destacada das palavras **jacaré** e **pérola**, há um acento agudo.

O **acento agudo** (') é usado nas vogais para:
- indicar o som aberto das vogais **e** e **o** em palavras como caf**é** e cip**ó**;
- indicar a sílaba tônica em palavras como **é**gua, **í**ntimo, **ó**culos e **ú**ltimo.

ATIVIDADES

1 Circule as palavras do quadro que devem ser escritas com acento circunflexo (^). Depois, escreva-as corretamente.

voce	cabelo	abelha	holandes
apoio	ponei	redondo	fregues
robo	azeite	canfora	borracha

_____

_____

2 Reescreva as frases e ponha o acento circunflexo (^) quando necessário.

a) O tenis se queimou no incendio.

_____

b) Eu adoro pave de pessego!

_____

c) Por quanto tempo voce gira o bambole?

_____

3 Complete as palavras com a letra que falta e copie-as.

a) t___bua

b) f___sforo

c) s___bado

d) palet___

e) cip___

f) p___gina

g) Jos___

h) Amap___

i) m___sica

ORTOGRAFIA

Letra h inicial

1 Complete o nome das imagens com **ha**, **he**, **hi** ou **ho**.

a) ____ena c) ____licóptero e) ____rpa

b) ____spital d) ____drante f) ____rtelã

2 Forme as palavras e escreva-as. Depois, separe-as em sílabas.

a) ho → tel / mem / rário _____ _____

b) hu → mor / mano / milhante _____ _____

3 Complete o diagrama com as palavras do quadro.

~~horta~~
história
hora
humildade
habitação
herança

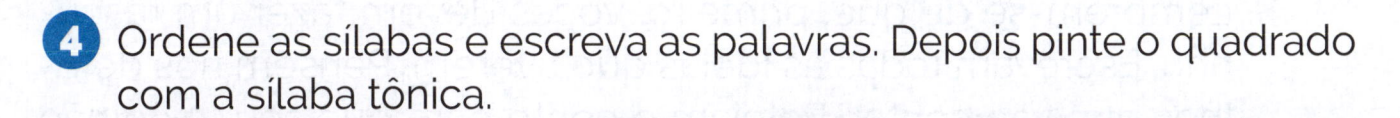

H
O
R
T
A

4 Ordene as sílabas e escreva as palavras. Depois pinte o quadrado com a sílaba tônica.

a) li · hé · ce _____

b) hi · e · gi · ne _____

c) li · há · to _____

d) no · hi _____

BRINCANDO COM A CRIATIVIDADE

Final de conto

Leia novamente o conto *O Flautista de Hamelin*. Depois, junte-se a um colega e crie outro final para a história. Todos os finais serão reunidos em um livro, organizado pelo professor, que poderá ser lido pela turma e por outros colegas da escola. Para isso, vocês devem seguir as instruções abaixo.

Planejar e produzir

1. Releiam os três últimos parágrafos do conto.

> Numa linda manhã, quando todos os habitantes estavam na igreja, o flautista começou a tocar sua flauta e a hipnotizar todas as crianças da cidade, levando-as para uma caverna e aprisionando-as lá para sempre.
>
> Nunca mais as crianças apareceram, e a cidade de Hamelin ficou triste, silenciosa.
>
> Por mais que se tenha procurado, nunca mais se encontrou lá nem um rato nem uma criança.

2. Antes de mudar o final, pensem nas questões a seguir.
   - Os responsáveis pela cidade pagarão a recompensa ao flautista?
   - Se sim, o que o flautista fará com o dinheiro que recebeu?
   - Se não, o que o flautista fará sem o dinheiro da recompensa?

3. Lembrem-se de que, primeiro, vocês devem fazer um rascunho. Escrevam todas as ideias que tiverem. Pensem nos detalhes que vão contar. Releiam o conto para que seu texto não contradiga nenhuma informação dada antes. Lembrem-se, ainda, de usar o acento agudo e o acento grave quando necessário. Utilizem as linhas a seguir para fazer o rascunho.

Reler

1. Releia o texto que você e o colega escreveram.
2. O que poderia ser acrescentado ou eliminado nele?
3. As palavras foram escritas corretamente? Os acentos gráficos foram empregados corretamente? Em caso de dúvida sobre a grafia de alguma palavra, recorram ao dicionário.

Revisar

1. Releiam o texto para corrigir o que estiver errado. O professor também pode ajudar na revisão e fazer sugestões de melhoria. Mostrem a ele como ficou o texto.

Editar e compartilhar

1. Passem o texto a limpo em uma folha de papel, fazendo os ajustes indicados pelo professor e o que mais julgarem necessário. Façam desenhos para ilustrá-lo e entreguem-no ao professor. Ele irá organizar tudo em um livro, que poderá ficar no canto de leitura da sala ou na biblioteca da escola.

UNIDADE 5

TEXTO 1

Observe o texto ao lado.

Você sabe que tipo de texto é esse?

Salvador, 18 de agosto de 2020.

Olá, primo Vítor!

Como você está? Estou com saudades das nossas brincadeiras na casa da vovó. Você vai passar o final do ano lá? Tenho estudado e tirado boas notas e quero ir para a chácara nas férias.

Espero que possa ir para brincarmos muito. Diga aos tios que mandei um beijo.

Um abraço!

Tiago

BRINCANDO COM O TEXTO

1 O texto que você leu na página anterior é uma **carta pessoal**.

a) Quem escreveu a carta? _____

b) Para quem a carta foi escrita? _____

2 Releia a primeira parte da carta.

Salvador, 18 de agosto de 2020.

- O que essa parte da carta informa?
_____

3 Copie da carta o que é pedido.

a) Saudação: _____

b) Despedida: _____

4 Em que trecho da carta o remetente:

a) faz uma pergunta?
_____
_____

b) faz um pedido?
_____

c) escreve uma lembrança?
_____
_____

d) exprime um desejo?

_____

_____

5 Para que a carta foi escrita?

_____

_____

> Quem envia uma carta é o **remetente**. **Destinatário** é a pessoa a quem a carta se destina.
>
> Uma carta costuma ter local e data, saudação ao destinatário, mensagem, despedida e assinatura do remetente.

BRINCANDO COM O APRENDIZADO

1 Complete as palavras com os encontros vocálicos que faltam.

a) chap_____   c) cad_____do   e) aquár_____

b) _____vido   d) cen_____ra   f) m_____da

2 Separe as palavras em sílabas e indique o dígrafo delas.

a) foguete _____ ☐   c) telhado _____ ☐

b) quilo _____ ☐   d) lenhador _____ ☐

3 Pinte os quadrinhos de acordo com a legenda.

🔴 dígrafo   🔵 encontro consonantal

a) descida ☐   c) chuva ☐   e) estragado ☐

b) briga ☐   d) correr ☐   f) primavera ☐

4 Circule as palavras que têm dígrafo.

a) nascer   c) churros   e) camelo   g) palhaço

b) formiga   d) arroz   f) pilha   h) passaredo

5 Complete as palavras usando corretamente **m** ou **n**.

a) co___panhia   d) bri___cadeira   g) pa___tera

b) ga___bá   e) coma___do   h) ja___tar

c) bala___ça   f) so___bra   i) pudi___

6 Copie as palavras da atividade anterior de acordo com a indicação.

Palavras com **m**	
Palavras com **n**	

7 Separe as palavras em sílabas e classifique-as de acordo com o código e o modelo.

| M | monossílaba | D | dissílaba | T | trissílaba | P | polissílaba |

patins   pa-tins   D

a) assadeira _____

b) barreira _____

c) cadeado _____

d) churrasco _____

e) mão _____

f) papel _____

8 Reescreva as frases e sublinhe os encontros consonantais.

a) Pedro prometeu um doce para Adriana.

_____

b) Rodrigo emprestou quatro livros da biblioteca.

_____

BRINCANDO

1 Vamos brincar de detetive? O professor sorteará nomes de alunos para formar pares. Cada dupla escreverá uma mensagem para outra dupla decifrar.

O código pode ser composto de letras, números, cores ou outros símbolos. Veja o exemplo.

4L1, 25 S45 5M D2T2T3V2 2SP2RT4!

Decifrando o código:
A = 1   **E** = 2   **I** = 3   **O** = 4   **U** = 5
Olá, eu sou um detetive esperto!

No exemplo, as vogais foram trocadas por números e as consoantes permaneceram as mesmas. Agora é a vez de vocês!

1. No caderno, criem um código para cada letra do alfabeto e elaborem a mensagem a ser decifrada. Pode ser uma charada, uma piada ou uma frase.

2. Em uma folha de papel, um de vocês copia a mensagem trocando algumas das letras pelos códigos inventados.

3. Entreguem a folha com a mensagem codificada a outra dupla para que a decifre.

4. Mostrem aos colegas da dupla o quadro com o código inventado por vocês; eles devem usá-lo para traduzir a mensagem.

GRAMÁTICA

Ponto final, ponto de interrogação e ponto de exclamação

Leia a frase.

O dia está ensolarado**.**

Veja que no final da frase há um ponto: é o **ponto final**. Ele encerra frases declarativas afirmativas e negativas.

Agora leia esta outra frase.

O que você está lendo**?**

O sinal no fim da frase é o **ponto de interrogação**, usado no fim de uma pergunta direta.

Leia esta frase.

Surpresa**!**

O sinal que finaliza a frase é o **ponto de exclamação**. Ele é usado para indicar medo, espanto, alegria, tristeza, susto, admiração etc.

ATIVIDADES

1) Escreva os sinais de pontuação (. ! ?) que faltam.

a) Joãozinho lavou as verduras

b) O que tem para comer hoje

c) Oba! Adoro maçã

d) Você gostou da minha nova receita

e) Oh! Como eu gostaria de saber cozinhar

2) Coloque o ponto final (.) nas declarações e o ponto de interrogação (?) nas perguntas, como no modelo.

> Daniel está lendo.
> O que ele está lendo?

a) Vamos sair com Sérgio e Renato

Aonde vocês vão

b) Hoje é meu aniversário

Quantos anos você faz

c) Roberta está muito triste

Por que Roberta está triste

3) Transforme as frases completando-as e usando o ponto de exclamação (!).

> A praça está cheia. Como a praça está cheia!

a) Minha cabeça está doendo. Ai, que _____

b) Você é legal. Puxa! Como _____

c) O dia está frio. Nossa! Como _____

4 Leia a tirinha.

PUXA VIDA!
MAS QUE CHEIRO BOM É ESSE?
INCRÍVEL, NÉ? É DA DAMA-DA-NOITE!
E ONDE SERÁ QUE ELA VAI ASSIM TÃO PERFUMADA?

Alexandre Beck. *Armandinho*.

a) Dama-da-noite é o nome de uma planta que tem flores perfumadas. O personagem Armandinho sabe disso? Explique.
_____
_____

b) Circule os sinais de pontuação que aparecem na tirinha.

c) Copie as frases escritas com o ponto de interrogação (**?**).
_____
_____

d) Copie as frases escritas com o ponto de exclamação (**!**).
_____
_____

5 Elabore frases com as palavras dadas usando o sinal de pontuação indicado.

a) ninho (ponto final)
_____

b) filhote (ponto de exclamação)
_____

c) asas (ponto de interrogação)
_____

TEXTO 2

O que o texto 2 tem de parecido com o texto 1?

Rapidópolis, 23 de maio

Poeta

Fiquei muito comovida com a sua carta.

Felpo querido, eu gosto de orelhas diferentes, acho que dão um charme interessante a um coelho. Principalmente você, que é poeta, devia se orgulhar de ser assim, especial.

Foi lindo e corajoso você confessar que tem alma de tartaruga, afinal, elas são cheias de sabedoria.

Já imaginou se você fosse um coelho com alma de urubu? Lembra aquele ditado que diz: Urubu infeliz, quando cai de costas, quebra o nariz? Isso sim seria azar...

Bem, Felpo, agora admiro não só os seus poemas, mas também a sua pessoa. Quando você quiser vir tomar chá comigo será muito bem-vindo.

Adoro cozinhar e fiquei curiosa de conhecer os bolinhos de chocolate da sua avó. Você poderia me mandar a receita?

Beijos
Charlô

Eva Furnari. *Felpo Filva*. São Paulo: Moderna, 2006. p. 27.

BRINCANDO COM O TEXTO

1 O texto que você leu é uma carta pessoal publicada em um livro.

a) Qual é o título do livro? _____

b) Quem é a autora desse livro? _____

2 O livro conta a história de um coelho poeta que troca várias cartas com uma fã.

a) Qual é o nome do coelho poeta?

_____

b) Qual é o nome da fã do coelho?

_____

c) Quando e onde a carta foi escrita?

_____

3 O que ficamos sabendo sobre a personalidade do personagem coelho ao ler a carta?

_____

4 Por que a fã do coelho escreveu a carta?

☐ Para sugerir o tema de um poema.

☐ Para fazer elogios ao coelho.

☐ Para contar uma grande novidade.

☐ Para convidar o coelho a tomar chá com ela.

☐ Para pedir a receita de bolinhos de chocolate.

ORTOGRAFIA

Palavras com e (e não i)

Algumas palavras são escritas com **e** no final, mas podem ter som de **i**.

Leia em voz alta:

> leit**e**   pent**e**   content**e**   alegr**e**

Para saber se você deve usar a letra **e** ou **i**, observe a sílaba tônica da palavra.

> **lei**-te   **pen**-te   con-**ten**-te   a-**le**-gre

Se a palavra for paroxítona, quase sempre termina com a letra **e**.

Se a palavra for oxítona e a última sílaba tem som de **i**, usamos sempre a letra **i**. Veja os exemplos.

> a-ba-ca-**xi**   ja-va-**li**   Sa-**ci**

ATIVIDADES

1 Complete com **e** ou **i**.

a) colibr____

b) javal____

c) tomat____

d) espaguet____

e) dent____

f) caqu____

BRINCANDO COM A CRIATIVIDADE

Carta pessoal

Que tal escrever uma carta para um amigo ou familiar que mora em outra cidade ou estado?

Planejar e produzir

1. Evite rasuras, faça primeiro um rascunho da carta nas linhas a seguir. Se quiser, siga o esquema.
   - **1ª parte:** local e data;
   - **2ª parte:** saudação e nome do destinatário;
   - **3ª parte:** assunto (você pode contar, por exemplo, o que tem feito desde a última vez em que se viram, como estão seus estudos e quais são seus planos para as próximas férias);
   - **4ª parte:** despedida;
   - **5ª parte:** assinatura (nome do remetente).
2. Lembre-se: você é o remetente porque é quem manda a carta (você a remete); já seu colega é o destinatário, a quem se destina a carta.

_____

_____

_____

_____

_____

_____

_____

_____

Reler e revisar

1. Releia a carta que você escreveu. Se precisar, consulte o dicionário para tirar dúvidas sobre a escrita de alguma palavra.
2. Em seguida, responda:
   - Você usou letra maiúscula no início de frases e de nomes próprios?

     ☐ Sim.   ☐ Não, mas já corrigi.

   - Você acentuou corretamente as palavras?

     ☐ Sim.   ☐ Não, mas já corrigi.

   - Você pontuou o texto adequadamente?

     ☐ Sim.   ☐ Não, mas já corrigi.

3. Depois de reler sua carta e responder às questões, mostre-a ao professor ou a um colega. Pergunte o que eles podem sugerir para deixá-la ainda melhor.

Editar

1. Avalie com atenção todas as sugestões que foram feitas pelo professor ou pelos colegas.
2. Passe o texto a limpo em uma folha de papel de carta ou em uma folha de caderno.
3. Confira se a letra está legível. O destinatário precisa entender o que você escreveu!
4. Se você preferir, também pode digitar a carta. Peça a ajuda do professor para utilizar um programa de edição de texto no laboratório de informática da escola.
5. Lembre-se de conferir a digitação do texto antes de imprimir a carta. Mais uma vez, conte com a colaboração do professor e dos colegas na revisão.

Compartilhar

1. Para que o destinatário receba uma carta enviada pelo correio, é necessário colocá-la em um envelope preenchido corretamente.
2. Observe as informações que devem ser escritas em cada lado dele.

Nome do destinatário
Rua, nº da moradia
Bairro, Município
Sigla do Estado
CEP

SELO

Nome do remetente
Rua, nº da moradia
Bairro, Município
Sigla do Estado
CEP

3. Para ser enviada pelo correio, cada correspondência deve ter um selo.
4. O selo é um pequeno adesivo colado no envelope para indicar que o serviço de transporte foi pago.
5. No encarte da página 269 há um envelope para você preencher, recortar e montar. Coloque dentro dele a carta que você escreveu.

UNIDADE 6

TEXTO 1

Em sua casa, você costuma preparar alimentos? Quando não sabe como preparar, o que você faz? Leia o texto e descubra um jeito de fazer uma bebida bem saborosa.

Chocolate quente

Ingredientes:

- 2 colheres de sopa de achocolatado em pó;
- 1 gema de ovo;
- 2 copos de leite;
- 1 colher de chá de canela em pó.

Modo de preparo

Coloque o achocolatado e a canela em um recipiente com um pouco de leite frio, misture esses ingredientes e leve o restante do leite para ferver.

Assim que o leite começar a ferver, junte-o à mistura feita anteriormente. Mexa bem e deixe-a ferver durante 30 segundos.

Retire-a do fogo, desfaça a gema com um pouco do chocolate quente e depois misture tudo. Conserve o chocolate quente até o momento de servir.

BRINCANDO COM O TEXTO

1 O que aprendemos com esse texto?
_____

2 O texto está organizado em quantas partes? Quais são?
_____
_____

3 Em qual parte é informado tudo o que é necessário para preparar o chocolate quente?

☐ Ingredientes.

☐ Modo de preparo.

4 Quantos ingredientes são necessários para preparar a bebida? Quais são?
_____
_____

5 Para que serve a segunda parte do texto, "Modo de preparo"?
_____
_____
_____

> O texto lido é uma receita. Receitas, bulas de remédios, regras de jogos, instruções de como usar aparelhos eletroeletrônicos etc. são chamados de **textos instrucionais**.

BRINCANDO COM O APRENDIZADO

1 Complete as palavras com **o** ou **ou**.

a) b____lsa
b) p____pança
c) bes____ro
d) p____co
e) d____rado
f) est____ro
g) b____cejo
h) r____pa
i) m____rango

2 Complete as palavras com **e** ou **ei**.

a) p____x____ro
b) tint____ro
c) carangu____jo
d) am____xa
e) fogu____ra
f) pass____o
g) b____ço
h) f____jão
i) cam____lo

3 Complete o nome das imagens com os dígrafos que faltam.

a) ____ave
c) va____oura
e) ca____o
b) mos____ito
d) a____o
f) ____eijo

4 Complete as palavras com **lh** ou **li**.

a) agu____a
b) Marí____a
c) famí____a
d) ga____o
e) Amé____a
f) agasa____o

5 Complete as palavras usando corretamente **m** ou **n**.

a) ca___painha
b) po___ba
c) cria___ça
d) cari___bo
e) pa___da
f) lo___tra
g) pa___queca
h) ca___tar
i) capi___

6 Complete as palavras com **c** ou **ç**.

a) ber___o
b) ___iranda
c) gar___a
d) carro___a
e) apare___er
f) cal___ada
g) ta___a
h) tou___a
i) a___úcar
j) re___eita
k) almo___o
l) ___ereja

7 Junte as sílabas correspondentes aos números e forme palavras.

1. lha	6. ver	11. es	16. tra	21. pi
2. lhe	7. ba	12. me	17. do	22. ço
3. lhi	8. ma	13. ra	18. fi	23. ta
4. lho	9. pe	14. te	19. pa	24. fo
5. lhu	10. o	15. re	20. mo	25. Nha

a) 19 + 1 + 22
_____

b) 20 + 1 + 17
_____

c) 16 + 7 + 4
_____

d) 19 + 1
_____

e) 18 + 4 + 14
_____

f) 11 + 9 + 4
_____

g) 21 + 10 + 4
_____

h) 13 + 8 + 2 + 14
_____

i) 6 + 12 + 4
_____

GRAMÁTICA

Sinônimo e antônimo

Leia as frases.

> A heroína é **valente**.
> A heroína é **corajosa**.

As palavras **valente** e **corajosa** são **sinônimos**, ou seja, têm significado semelhante.

Leia estas outras frases.

> O edifício é **alto**.
> O chalé é **baixo**.

As palavras **alto** e **baixo** têm significados contrários. São **antônimos**.

ATIVIDADES

1 Ligue cada palavra a seu sinônimo.

a) engraçado   rápido

b) valente   divertido

c) ligeiro   corajoso

2 Assinale o sinônimo correto das palavras.

a) malvada ☐ perversa ☐ boa ☐ alegre

b) amar ☐ perdoar ☐ gostar ☐ falar

c) espantada ☐ corajosa ☐ assustada ☐ feliz

d) encontrar ☐ dizer ☐ tirar ☐ achar

e) aborrecida ☐ simpática ☐ esperta ☐ chateada

f) tranquila ☐ calma ☐ agitada ☐ afobada

3 Escreva um antônimo de cada palavra a seguir.

a) pequeno _____

b) vida _____

c) começo _____

d) dentro _____

e) duro _____

f) sim _____

4 Reescreva as frases trocando as palavras em destaque pelo antônimo. Se necessário, faça adequações.

a) **Acordei cedo** durante as férias.
_____

b) A prova estava **difícil**.
_____

c) A mala está **vazia** e **leve**.
_____

d) Eles nunca contam **mentiras**.
_____

5 Reescreva as frases substituindo as palavras destacadas por sinônimos.

a) A visita o deixou **contente**.
_____

b) Esse é um **belo** jardim.
_____

c) Que casa **enorme**!
_____

6 Escreva os antônimos acrescentando **des-** ao início da palavra.

a) arrumar
_____

b) pregar
_____

c) obedecer
_____

d) temperar
_____

e) virar
_____

f) dizer
_____

7 Agora escreva os sinônimos.

a) fiel
_____

b) feliz
_____

c) grato
_____

d) completo
_____

e) direto
_____

f) paciente
_____

8 Ligue cada palavra a seu antônimo.

a) obediência

b) carregar

c) seguro

inseguro

desobediência

descarregar

TEXTO 2

Observe o texto e as ilustrações. Você acha que vai ler um texto instrucional? Por quê?

Leia o título do texto. Você sabe o que é um bilboquê?

Bilboquê

Material:

- garrafa plástica sem tampa;
- duas tampas de garrafa;
- 30 cm de barbante;
- fita adesiva colorida;
- tesoura sem ponta;
- chave de fenda pequena;
- canetas coloridas ou outros materiais para decorar.

Como fazer

1. Peça a um adulto que corte a parte de cima da garrafa. Cole fita adesiva nas bordas cortantes para evitar machucados.
2. Peça também ao adulto que faça um furo pequeno com a chave de fenda no centro das duas tampas.
3. Para prender o barbante em uma das tampas, passe-o por ela e dê um nó grande na ponta.
4. Passe a outra ponta do barbante pelo furo da segunda tampa e dê um nó bem grosso.
5. Enfeite seu bilboquê com canetas coloridas, fitas ou outros materiais.

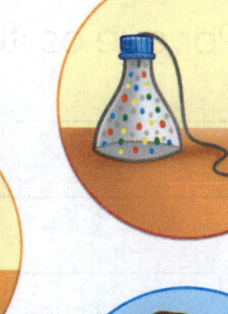

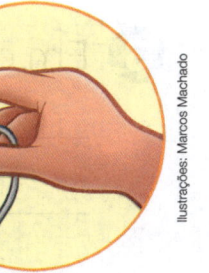

Ilustrações: Marcos Machado

BRINCANDO COM O TEXTO

1 O que o texto ensina a fazer?

_____
_____
_____

2 O que o texto "Bilboquê" e o texto "Chocolate quente" têm de parecido?

_____
_____
_____

3 Em quantas partes o texto "Bilboquê" está organizado?

_____
_____
_____

4 Por que os itens de "Como fazer" estão numerados?

_____
_____
_____

5 Observe as ilustrações.

a) Para que servem as ilustrações?

_____
_____
_____

b) Você saberia confeccionar o bilboquê observando apenas as ilustrações, sem ler o texto?

_____
_____
_____
_____

6 Releia as etapas 1 e 2. Por que elas devem ser feitas com a ajuda de um adulto?

_____
_____
_____
_____

7 Releia agora a etapa 3.

a) A que se refere o **o** em passe-**o**?

_____
_____
_____
_____

b) A que se refere a palavra **ela**?

_____
_____
_____
_____

ORTOGRAFIA

Palavras com o (e não u)

Algumas palavras são escritas com **o** no final, mas têm som de **u**. Leia em voz alta:

morceg**o**

macac**o**

caval**o**

camel**o**

Para saber se você deve usar a letra **o** ou **u**, observe a sílaba tônica da palavra.

Se a palavra for paroxítona, termina com a letra **o**. Por exemplo: caderno, estojo, tijolo.

Se a palavra for oxítona, usamos o **u**. Por exemplo: urubu, caju, chuchu.

ATIVIDADES

1 Complete com **o** ou **u**.

a) vas____

b) xamp____

c) bamb____

d) tucan____

e) sapat____

f) prat____

g) cangur____

h) esquil____

BRINCANDO COM A CRIATIVIDADE

Receita culinária em vídeo

Você já assistiu a algum programa infantil de culinária?

E já passou pela experiência de preparar alguma receita em casa, com a ajuda de pessoas da família? Vamos fazer isso?

Planejar

1. Procure vídeos de programas de culinária infantil na internet e observe com atenção como tudo é feito e explicado.
2. Em seguida, escolha uma receita bem simples para preparar em casa, com a ajuda de sua família.
3. Essa receita será apresentada aos colegas da turma.
4. Peça a ajuda de seus familiares para gravar o preparo da receita com um celular e enviar ao professor.

Produzir

1. Separe todos os ingredientes da receita que será elaborada e os utensílios de que você vai precisar.
2. Tenha a receita escrita ou bem guardada na memória para explicar corretamente o passo a passo.
3. Fale olhando para a câmera, com um tom de voz adequado. Pronuncie claramente as palavras.
4. Enquanto ensina a preparar a receita, vá mostrando os ingredientes e como tudo é feito.

Revisar

1. Assista ao vídeo prestando atenção à entonação da sua voz e à clareza do passo a passo apresentado. Se for preciso, regrave-o.

Compartilhar

1. O professor vai combinar um dia para apresentar os vídeos das receitas produzidas.
2. Caso goste de alguma receita, peça-a ao colega e tente fazê-la em casa. Depois, conte se deu certo.

UNIDADE 7

TEXTO 1

Você já parou para pensar em como as palavras surgem? Por que será que chamamos um gato de "gato" e um cachorro de "cachorro"?

Marcelo, marmelo, martelo

Marcelo vivia fazendo perguntas a todo mundo:

— Papai, por que é que a chuva cai?

— Mamãe, por que é que o mar não derrama?

— Vovó, por que é que o cachorro tem quatro pernas?

As pessoas grandes às vezes respondiam.

Às vezes, não sabiam como responder.

— Ah, Marcelo, sei lá...

Uma vez, Marcelo cismou com o nome das coisas:

— Mamãe, por que é que eu me chamo Marcelo?

— Ora, Marcelo foi o nome que eu e seu pai escolhemos.

— E por que é que não escolheram martelo?
— Ah, meu filho, martelo não é nome de gente! É nome de ferramenta...
— E por que é que não escolheram marmelo?
— Porque marmelo é nome de fruta, menino!
— E a fruta não podia chamar Marcelo, e eu chamar marmelo?
No dia seguinte, lá vinha ele outra vez:
— Papai, por que é que mesa chama mesa?
— Ah, Marcelo, vem do latim.
— Puxa, papai, do latim? E latim é língua de cachorro?
— Não, Marcelo, latim é uma língua muito antiga.
— E por que é que esse tal de latim não botou na mesa nome de cadeira, na cadeira nome de parede, e na parede nome de bacalhau?
— Ai, meu Deus, este menino me deixa louco!
[...]

Ruth Rocha. *Marcelo, marmelo, martelo*. São Paulo: Salamandra, 2011. p. 8-10

BRINCANDO COM O TEXTO

1 Qual é o nome do menino que fala no texto?

2 Com quem ele está conversando?

3 O que o menino perguntou para a mãe dele?

4 O que a mãe respondeu ao menino?

5 O personagem sempre conseguia respostas às perguntas que fazia? Por quê?

_____

_____

_____

6 O nome desta fruta aparece no texto. Escreva-o.

_____

7 Que diferença há entre estas duas palavras?

MARTELO   MARMELO

_____

_____

8 E você, gostaria de mudar seu nome? Por quê?

_____

_____

_____

_____

BRINCANDO COM O APRENDIZADO

1 Reescreva as frases substituindo as palavras destacadas por sinônimos.

a) Todos **aguardam notícias**.
___

b) Ela **ordenou** e todos ficaram **apavorados**.
___

c) O vilão parece **bondoso** com o **garoto**.
___

d) O cenário foi **trocado rapidamente**.
___

2 Escreva o antônimo.

a) difícil ___

b) perto ___

c) feliz ___

d) feio ___

e) frio ___

f) comprido ___

3 Ordene as frases e coloque a pontuação necessária.

a) você Ah notícia Que boa deu me
___

b) livrarias costuma a ir Você
___

c) melhor João padeiro é do bairro o
___

d) como gentil é você Nossa
___

4 Pontue as frases a seguir.

a) Onde você estuda

b) Você já viu um elefante

c) Procurei vocês por toda parte

d) Que chuva

5 Separe as palavras em sílabas e classifique-as quanto ao número de sílabas e à posição das sílabas tônicas. Faça como no modelo.

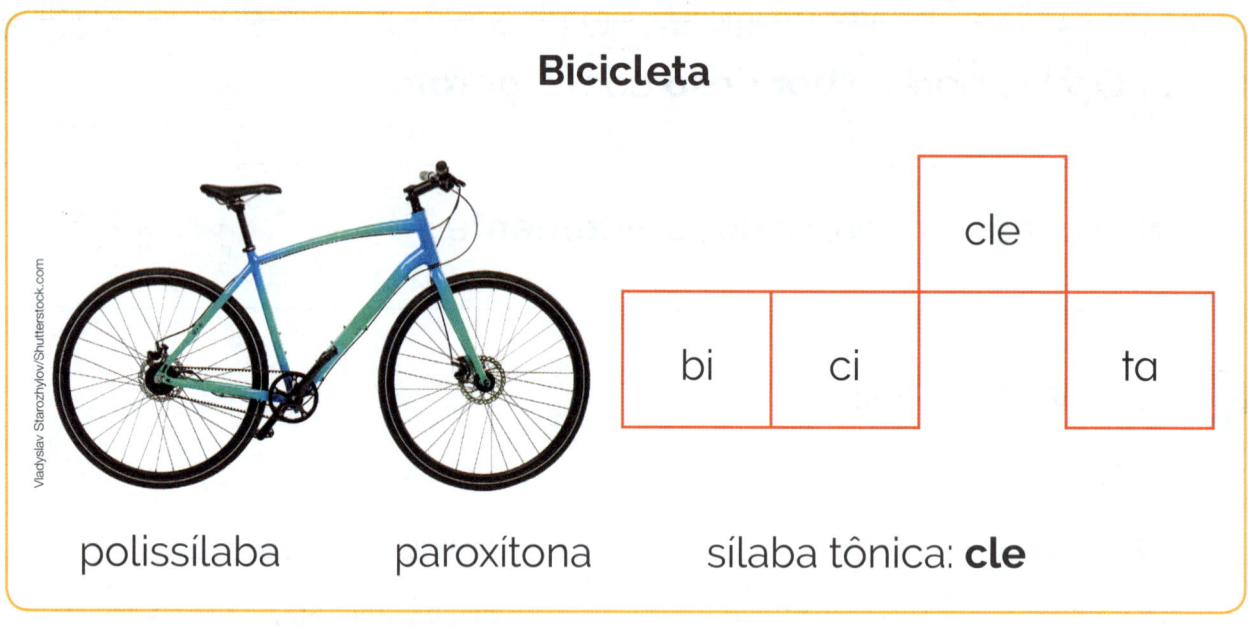

Bicicleta

| bi | ci | cle | ta |

polissílaba   paroxítona   sílaba tônica: **cle**

a) foguete

b) cajueiro

GRAMÁTICA

Substantivo próprio e substantivo comum

Leia as palavras.

> Marcelo   marmelo   martelo

Marcelo, **marmelo** e **martelo** são substantivos.

Os substantivos podem ser comuns ou próprios.

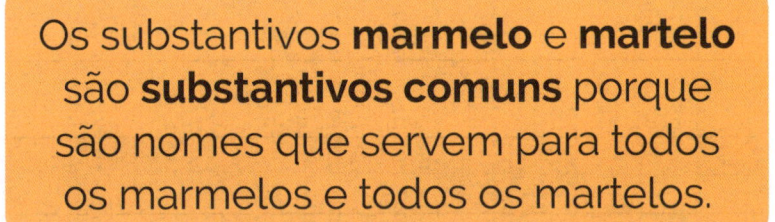

> Os substantivos **marmelo** e **martelo** são **substantivos comuns** porque são nomes que servem para todos os marmelos e todos os martelos.

Plantamos sementes de **marmelo**.
Comprei um **martelo** pequeno.

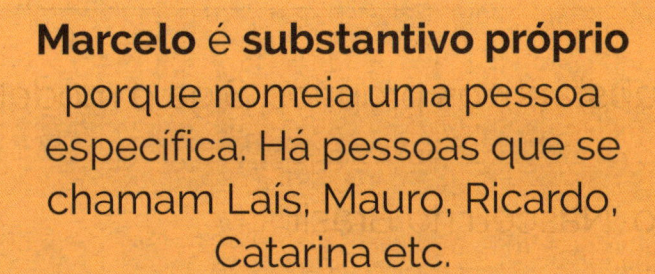

> **Marcelo** é **substantivo próprio** porque nomeia uma pessoa específica. Há pessoas que se chamam Laís, Mauro, Ricardo, Catarina etc.

Pessoas, lugares, cidades, países, cada um tem nome próprio.

Os substantivos próprios devem ser escritos com letra inicial **maiúscula**.

Os substantivos comuns são escritos com letra inicial **minúscula**.

ATIVIDADES

1 Complete as frases com substantivos próprios.

a) Meu nome é _____.

b) _____ é uma menina muito inteligente.

c) O nome da cidade onde moro é _____.

d) Tenho um amigo chamado _____.

e) O bairro onde moro se chama _____.

2 Complete as frases com um substantivo comum.

a) A pitangueira dá _____.

b) A bananeira dá _____.

c) O coqueiro dá _____.

d) A goiabeira dá _____.

e) A laranjeira dá _____.

f) A jabuticabeira dá _____.

3 Complete as frases com substantivos próprios. Siga o modelo.

> Ele é brasileiro. Nasceu no Brasil.

a) Ele é paranaense. Nasceu no _____.

b) Ela é alagoana. Nasceu em _____.

c) Ela é mineira. Nasceu em _____.

d) Ele é francês. Nasceu na _____.

e) Ele é mexicana. Nasceu no _____.

4 Complete as frases com um substantivo comum.

a) Fernanda tomou suco de _____.

b) Mamãe me levou ao _____.

c) Rafael comprou um _____.

d) As flores estão no _____.

e) Papai levou o _____ ao médico.

f) Renata foi passear de _____.

5 Pinte os quadrinhos antes de cada palavra para classificá-la. Siga a legenda.

🟢 substantivo comum   🔴 substantivo próprio

☐ camiseta   ☐ Bahia   ☐ Larissa

☐ mesa   ☐ folha   ☐ brinco

☐ Marisa   ☐ padeiro   ☐ garrafa

☐ Líbia   ☐ sandália   ☐ gato

6 Complete as frases com substantivos comuns que indiquem profissões.

a) A _____ trata dos dentes das pessoas.

b) A _____ dirige o táxi.

c) O _____ dá aulas.

d) A _____ varre as ruas.

e) O _____ faz comida.

f) O _____ trabalha na farmácia.

GRAMÁTICA

Dois-pontos e travessão

Os **dois-pontos** (:) são usados:

- em explicações, por exemplo: "A caridade é uma virtude: procure cultivá-la";
- para indicar o início de uma relação, por exemplo: "Na feira, há: melões, maçãs, uvas e morangos";

- antes das palavras ditas por alguém, por exemplo: "No dia seguinte, lá vinha ele outra vez: – Papai, por que é que mesa chama mesa?".

O **travessão** (–) tem, entre outras, a função de indicar a fala de uma pessoa ou de um personagem em um diálogo. Para iniciar uma frase com travessão, devemos colocá-lo na mesma direção do parágrafo. Exemplo:

– Mamãe, por que é que eu me chamo Marcelo?
– Ora, Marcelo foi o nome que eu e seu pai escolhemos.
– E por que é que não escolheram martelo?
– Ah, meu filho, martelo não é nome de gente! É nome de ferramenta...

ATIVIDADES

1. Pontue as frases usando dois-pontos (:).

   a) A professora foi bem clara ninguém poderia sair antes de bater o sinal.

   b) Rafael foi à feira comprar banana, melão e uva.

   c) Felipe disse – Não fique triste, amanhã é outro dia.

   d) Não devemos julgar ninguém todos têm sentimentos.

   e) Meu tio dizia "Antes tarde do que nunca!".

   f) Vamos convidar para a festa Andreia, Odilon e Iara.

   g) Estas cidades são encantadoras Cunha, Antonina e Barcelos.

   Há dois modos de anunciar a fala do personagem. Observe-os a seguir.

   > **1. Com um travessão:**
   > Papai perguntou:
   > – Você quer leite?
   > **2. Com dois travessões:**
   > – Você quer leite? – perguntou papai.

2. Use travessões (–) para anunciar a fala nos diálogos a seguir.

   a) Papai perguntou:

   Vamos comer pêssego?

   Vamos comer pêssego?   perguntou papai.

   b) Mamãe disse:

   Não esqueçam o guarda-chuva!

   Não esqueçam o guarda-chuva!   disse mamãe.

TEXTO 2

Leia o título do texto. Você tem ideia do que essa palavra significa? Você já inventou alguma palavra? O que ela significava?

Supercalifragilissimamente

Há palavras que não existem no dicionário. Mas acabam sendo inventadas, pois só elas têm o poder de dizer o que a gente está sentindo... São termos que possuem um significado tão especial que a gente nunca mais se esquece deles.

Eu me lembro bem de uma palavra que aparentemente não é nada fácil de ser dita ou escrita. E ela é exatamente nosso tema aqui: supercalifragilissimamente!

Essa palavra foi criada por uma babá muito louca, alegre e voadora, que usava um guarda-chuva como paraquedas para aterrissar na casa das crianças de quem ela cuidava, filhas de um homem sério e mal-humorado.

Sabe como Mary inventou a palavra?

Ela resolveu levar as crianças, Jane e Michael, para uma loja para "comprar trinta gramas de conversa". A dona da loja diz que a conversa está em falta, mas que tem algumas letras, que eles podem usar para criar sua própria conversa com palavras. Os três resolveram então brincar, pegando algumas, repetindo outras e chegando a palavras bem compridas e engraçadas. De repente, Mary lança sua "supercalifragilissimamente" (que fica assim no filme dublado em português, porque em inglês a palavra é "supercalifragilisticexpialidocious").

Quem viu o filme jamais esquece...

Agora, sabe o que isso quer dizer?

Significa superfeliz, superbonito, superdelicado, tudo de bom!

Assista ao filme de Mary Poppins cantando a canção com as crianças,

Seu nome?

MARY POPPINS. Para quem não sabe, ela é a personagem de uma peça de teatro e um filme musical dos estúdios Disney, feito em 1964.

seu pai e os personagens de desenho animado que você irá entender tudo.

Eu também adoro inventar palavras que não constam do dicionário. Junto com meu filho, inventei algumas delas. Veja só:

- **CAMELEVISÃO** (que significa ficar na cama, assistindo televisão)
- **CADELANÇO** (cadeira de balanço)
- **LIVRANDE** (livro grande)
- **MUNDORIDO** (mundo colorido)
- **JANTOSO** (jantar gostoso)
- **MENINDO** (menino lindo)

E tem palavra inventada que não acaba mais...
SUA VEZ
Invente uma palavra só sua. Quem sabe ela não fica famosa, como a palavra da Mary Poppins?!

Kátia Canton. *Fabriqueta de ideias.* São Paulo: Companhia das Letrinhas, 2013. p. 150-151.

BRINCANDO COM O TEXTO

1) Quem escreveu o texto?
_____

2) Qual é o tema principal do texto?
_____
_____

3) Responda:

a) De qual palavra inventada a autora do texto se lembrou?
_____

b) Quem inventou essa palavra?
_____

c) O que essa palavra significa?
_____
_____

4) Quais palavras a própria autora do texto inventou?
_____
_____

5) Você já assistiu ao filme de Mary Poppins? Se sim, o que achou?
_____
_____
_____
_____

BRINCANDO

1 No final do texto, há um convite para que os leitores inventem uma palavra. Em uma folha de papel à parte, crie uma palavra, como a autora do texto fez. Depois, escreva o significado no caderno. Troque sua palavra com a de um colega e tente adivinhar o significado da palavra dele enquanto ele adivinha a sua. Se estiver muito difícil, vocês podem dar até três dicas um ao outro.

GRAMÁTICA

Coletivo

Leia a frase.
De manhã, havia uma **ninhada** na cama de Jujuba.
Ninhada é a palavra que dá nome a um conjunto de filhotes.
Ninhada é o **coletivo** de filhotes.
O coletivo fica no singular, mas indica um conjunto de coisas. Observe alguns exemplos.

acervo → obras		**esquadrilha** → aviões
bando → pássaros		**manada** → gado
batalhão → soldados		**matilha** → cães
boiada → bois		**molho** → chaves
cafezal → pés de café		**penca** → bananas
cardume → peixes		**quadrilha** → ladrões
classe → alunos		**ramalhete** → flores
constelação → estrelas		**rebanho** → gado
enxame → abelhas		**resma** → papel
esquadra → navios		**tropa** → burros

ATIVIDADES

1. Complete as frases com o coletivo.

   a) O coletivo de flores é _____.

   b) O coletivo de bois é _____.

   c) O coletivo de chaves é _____.

   d) O coletivo de uvas é _____.

   e) O coletivo de soldados é _____.

2. Escreva o coletivo representado em cada imagem.

   a) _____

   b) _____

   c) _____

   d) _____

   e) _____

   f) _____

3. Complete as frases com o coletivo correspondente.

   a) _____ é uma porção de algodoeiros.

   b) _____ é uma porção de alunos.

   c) _____ é uma porção de abelhas.

   d) _____ é uma porção de pássaros.

4 Ligue os coletivos aos substantivos a que eles correspondem.

a) cardume   pássaros

b) baixela   pés de café

c) tropa   bois

d) cafezal   estrelas

e) passarada   pratos

f) constelação   peixes

g) boiada   burros

5 Complete as frases com os coletivos adequados.

a) Coloquei a _____ de bananas na bandeja.

b) Encontrei um _____ de chaves na porta.

c) O _____ de pássaros pousou na árvore.

d) Esta _____ de alunos é legal.

6 Crie frases com os coletivos a seguir.

a) galeria

_____

b) bosque

_____

c) flora

_____

d) enxame

_____

e) pelotão

_____

ORTOGRAFIA

Palavras com l ou u

1 Complete as palavras com **l** ou **u**.

a) vara _____   e) tra _____ ma   h) fra _____ da
b) cé _____   f) mo _____ ro   i) so _____ dado
c) va _____ sa g) fa _____ na   j) sa _____ dável
d) mu _____ ta

2 Copie as palavras da atividade anterior no quadro.

Palavras com l	
Palavras com u	

3 Escreva o nome das imagens.

a) _____

b) _____

c) _____

d) _____

e) _____

f) _____

4 Encontre e circule o nome das imagens no diagrama.

T	A	B	R	N	G	U	Z	T	L	E
S	I	P	A	S	T	E	L	V	T	O
E	C	H	A	H	O	F	U	N	O	P
Ç	A	V	X	Q	B	H	T	R	U	O
D	L	S	Z	D	A	X	A	V	R	G
H	Ç	D	T	C	O	Z	J	M	O	P
Z	A	M	V	L	Ç	U	H	B	E	S
O	Ç	A	C	E	N	O	U	R	A	X

5 Complete as palavras com **l** ou **u**. Depois, escreva uma frase com elas.

a) to _____ ca

_____

b) ca _____ çado

_____

c) caca _____

_____

d) a _____ tomóve _____

_____

e) quinta _____

_____

BRINCANDO COM A CRIATIVIDADE

Conto

No texto 1, o personagem Marcelo cismou com o nome das coisas. No texto 2, a autora relata que adora inventar palavras.

Já pensou como seria um encontro do personagem Marcelo com uma pessoa que inventa palavras? Que perguntas será que o Marcelo faria para ela? E o que a pessoa responderia? Que tal criar uma história para contar o que você imaginou?

Planejar

1. Releia os textos 1 e 2 desta unidade.
2. Pense nas perguntas que Marcelo vai fazer para a inventora de palavras.
3. Pense também nas palavras que serão inventadas.

Produzir

1. Crie uma narrativa. Seu texto será lido para os colegas da turma.

Reler

1. Releia a narrativa que você escreveu e mostre-a a um colega.
2. O que poderia ser acrescentado no texto ou eliminado dele?
3. Você ficou em dúvida na escrita de alguma palavra? Se precisar, consulte o dicionário.
4. As palavras foram escritas corretamente?

Revisar

1. O professor também poderá ajudar na revisão do texto sugerindo melhorias. Mostre a ele como ficou sua narrativa.

Editar e compartilhar

1. Faça os ajustes indicados pelo professor.
2. Passe o texto a limpo nas linhas da página ao lado e faça desenhos para ilustrá-lo. Apresente aos colegas da turma a narrativa que você criou.

UNIDADE 8

TEXTO 1

Você já se enganou em relação a alguma situação? Achou que estava acontecendo uma coisa quando na verdade estava acontecendo outra, bem diferente? Será que o céu caiu nessa história que você vai ler?

O céu está caindo!

Era uma vez uma galinha que andava ciscando embaixo de uma jabuticabeira, quando uma jabuticabinha seca caiu bem em cima da sua cabeça. A galinha assustou-se e pensou: "Meu Deus! O céu está caindo!". E saiu correndo, **espavorida**.

No caminho, encontrou-se com o pato e pôs-se a cacarejar:
– Corra, pato, vamos nos proteger, que o céu está caindo!
– Quem lhe disse isso?
– Um pedacinho do céu caiu bem no meu **cocuruto**.

O pato, amedrontado, seguiu a galinha.

Logo à frente, estava o pintinho.
– Venha conosco, pintinho – grasnou o pato –, pois o céu está caindo!
– Quem lhe disse isso?
– Quem me disse foi a galinha, que sentiu um pedacinho do céu cair bem no seu cocuruto.

O pintinho achou melhor ir com eles.

Correram mais um pouco e esbarraram no peru.

— Vamos fugir, peru, que o céu está caindo! – piou o pintinho.

— Quem lhe disse isso?

— Quem me disse isso foi o pato, que ouviu da galinha, que sentiu um pedacinho do céu cair bem no seu cocuruto.

O peru, **alarmado**, foi logo se juntando à turma.

Iam naquele **alarido**, cacarejando, grasnando, piando e grugulejando, quando encontraram a raposa.

— Esperem! Aonde vão com tanta pressa?

— Estamos procurando um abrigo, pois o céu está caindo! – foi a vez de o peru grugulejar.

— Quem lhe disse isso?

— Quem me disse foi o pintinho, que ouviu do pato, que ouviu da galinha, que sentiu um pedacinho do céu cair bem no seu cocuruto.

— Um pedacinho do céu? – regougou a esperta raposa. Isso é mesmo perigoso! Mas eu sei de um lugar onde poderemos ficar todos protegidos. Venham comigo, sigam-me!

E as tolas aves seguiram a raposa para a sua toca. O céu não caiu; quem caiu foi a raposa, em cima delas, devorando-as uma por uma.

Rosane Pamplona. *Era uma vez... três! Histórias de enrolar.* São Paulo: Moderna, 2005. p. 24, 26-27.

GLOSSÁRIO

Alarido: falatório, gritaria.
Alarmado: assustado.
Cocuruto: o topo da cabeça.
Espavorido: apavorado, aterrorizado.

BRINCANDO COM O TEXTO

1 Como cada animal reagiu ao saber que o céu estava caindo? Numere os quadrinhos para completar as frases.

1	O peru ficou…	☐ espavorida.
2	A galinha ficou…	☐ amedrontado.
3	O pato ficou…	☐ alarmado.

2 Ligue cada imagem de animal ao que ele faz para produzir som.

a) regouga

b) grasna

c) pia

d) gruguleja

e) cacareja

3 Que acontecimento assustou a galinha?
_____

4 O que a galinha pensou logo após o susto?
_____

5 Em sua opinião, por que ela teve esse pensamento?
_____
_____
_____

6 Como a galinha agiu depois do ocorrido?
_____

7 O que as outras aves fizeram ao ouvir a galinha?
_____
_____

8 O que a galinha e as demais aves poderiam ter feito para que a raposa não as devorasse? Assinale a alternativa correta.

☐ Elas poderiam ter ficado escondidas na toca, em silêncio, até a raposa se esquecer que elas estavam lá.

☐ Elas poderiam ter verificado o que realmente havia ocorrido com a galinha, assim não teriam se assustado à toa nem chegariam a falar com a raposa.

9 Ao ouvir o que as aves disseram, a raposa teve uma reação falsa, ou seja, fingiu estar assustada. Por que ela fez isso?
_____
_____

BRINCANDO COM O APRENDIZADO

1 Classifique as palavras quanto ao número de sílabas e à tonicidade (posição da sílaba tônica).

a) sabonete _____

b) ônibus _____

c) pálido _____

d) caçada _____

e) hotel _____

f) amor _____

2 Complete as frases com o substantivo adequado.

a) Quem é rico tem _____.

b) Quem é inteligente tem _____.

c) Quem é triste tem _____.

d) Quem é alegre tem _____.

3 Complete com o que se pede nos parênteses.

a) Soldados (coletivo): _____.

b) **Fr**uta (nome do encontro destacado): _____.

c) Número (sílaba tônica): _____.

d) Pêssego (nome do acento): _____.

e) Administrador (feminino): _____.

4 Reescreva as frases afirmativas transformando-as em interrogativas.

a) Titia ganhou o prêmio.

_____

b) O sorvete está gostoso.

_____

5 Encaixe as palavras nos diagramas colocando a sílaba tônica no quadrinho mais alto.

a) fábrica   **b)** jequitibá   **c)** aperitivo

6 Use o til (~), o acento agudo (´) e o acento circunflexo (^) nas palavras quando necessário.

a) O Brasil e um pais da America.

_____

b) De manha, gosto de cuscuz e cafe.

_____

c) Nao viajei nas ultimas ferias.

_____

d) Ja leu a historia do genio da lampada?

_____

e) O jacare-açu, a ema e o tatu sao tipicos de nossa fauna.

_____

7 Coloque o acento agudo (´) quando necessário.

a) veu _____   **f)** timido _____   **k)** lagoa _____

b) viuvo _____ **g)** bambu _____   **l)** caju _____

c) tumulo _____ **h)** marmore _____ **m)** estatua _____

d) heroi _____ **i)** patria _____   **n)** regua _____

e) passaro _____ **j)** calice _____ **o)** orificio _____

GRAMÁTICA

Masculino e feminino

Antes do substantivo **menino**, podemos usar **o** ou **um**, pois **menino** está no masculino.

Antes do substantivo **menina**, podemos usar **a** ou **uma**, pois **menina** está no feminino.

Os substantivos podem ser do gênero **masculino** ou **feminino**.

De acordo com a terminação do substantivo, podemos colocar **o** ou **a** antes dele. Exemplo: **o** telefone, **a** rede.

Muitos substantivos masculinos se transformam em femininos trocando **o** por **a**. Veja um exemplo:

o menino   **a** menina

Outras palavras masculinas têm o feminino diferente.
Exemplo: **bode** – **cabra**.

Leia a seguir o feminino de algumas palavras.

Masculino	Feminino	Masculino	Feminino
ator	atriz	**conde**	condessa
barão	baronesa	**genro**	nora
boi	vaca	**herói**	heroína
cão	cadela	**imperador**	imperatriz
carneiro	ovelha	**ladrão**	ladra
cavalo	égua	**leão**	leoa
compadre	comadre	**padrasto**	madrasta

ATIVIDADES

1 Escreva o nome dos objetos colocando **o** antes do masculino e **a** antes do feminino.

a) carro

b) taça

c) bolsa

d) abacate

e) limão

f) pilha

2 Escreva o feminino.

a) um boi

b) um cavalo

c) um homem

d) um irmão

e) um filho

f) um rei

3 Reescreva as frases passando-as para o masculino.

a) A moça fotografou uma leoa.

b) A amazona montou a égua.

4 Vamos reescrever as frases no feminino?

a) O nadador tem um coelho.

b) O cozinheiro chamou o garçom.

5 As frases a seguir têm um problema. Identifique-o e reescreva-as adequadamente nas duas formas possíveis.

a) O jornaleiro chegou atrasada hoje.

b) Minha prima estava nervoso.

GRAMÁTICA

Singular e plural

As palavras podem estar no singular ou no plural. Observe:

a borboleta

as borboletas

Estão no singular as palavras que indicam uma única coisa. A palavra **borboleta** está no **singular**.

> Para formar o plural das palavras, **geralmente** acrescenta-se **s** no final delas. Exemplo: borbolet**a** – borbolet**as**.

A palavra **borboletas** está no **plural**.

Há palavras cujo plural é feito com outras modificações no final delas. Exemplos: o homem – os homens; o pão – os pães.

Aprenda o plural de algumas palavras.

anão	→	anões	**caracol** →	caracóis
anel	→	anéis	**carretel** →	carretéis
animal	→	animais	**colher** →	colheres
anzol	→	anzóis	**farol** →	faróis
bem	→	bens	**final** →	finais
bombom	→	bombons	**flor** →	flores
cão	→	cães	**gavião** →	gaviões
jardim	→	jardins	**luz** →	luzes
capitão	→	capitães	**papel** →	papéis
trem	→	trens	**mulher** →	mulheres

ATIVIDADES

1 Escreva o nome das imagens no plural.

a) _____

b) _____

c) _____

d) _____

e) _____

f) _____

2 Escreva o plural das palavras.

a) o jornal
_____

b) o pintor
_____

c) a colher
_____

d) a voz
_____

e) o anel
_____

f) o nariz
_____

3 Reescreva as palavras trocando **ão** por **ões** para fazer o plural.

a) balão
_____

b) melão
_____

c) pulmão
_____

d) pião
_____

e) portão
_____

f) fogão
_____

4 Escreva o plural acrescentando **s**.

a) a mão
_____

b) o grão
_____

c) o irmão
_____

d) a irmã
_____

e) o cidadão
_____

f) a maçã
_____

5 Reescreva as frases no singular.

a) Os carros estão nas vagas.
_____

b) As gravuras estão nos museus.
_____

c) Os animais comeram as frutas.
_____

6 Reescreva as frases no plural.

a) O rapaz ganhou a corrida.
_____
_____

b) A árvore está florida.
_____

c) O guarda apitou na rua.
_____

TEXTO 2

Observe a fotografia. Por que você acha que uma raposa virou notícia?

Pesquisa revela verdadeira relação entre raposas e galinhas

O **senso comum** e as histórias infantis apontam as galinhas como o alimento preferido das raposas. Nas cenas de gibis e desenhos de TV, o mamífero é retratado como um animal **silvestre**, bastante esperto e que vive próximo a granjas e galinheiros. [...]

O estudo, desenvolvido no **mestrado** [...] da Universidade Federal de Uberlândia (UFU), analisou os alimentos consumidos pelas raposas e apontou que elas não são os vilões do galinheiro. A pesquisa, apoiada pela Fundação de Amparo à Pesquisa do Estado de Minas Gerais (Fapemig), contou, ainda, com pesquisadores da Universidade Federal de Goiás (UFG).

[...]

A fim de conhecer os hábitos destes mamíferos, os pesquisadores realizaram estudos em uma área de fazendas de gado no sul de Goiás. No período, acompanharam a rotina de três espécies de "cães" silvestres: a raposa-do-campo, o cachorro-do-mato e o lobo-guará. Os pesquisadores analisaram o **excremento** de cada grupo para detectar o tipo de alimento consumido pelos animais.

Por incrível que pareça, o principal alimento consumido pelas raposas não é nenhuma ave, mas, na verdade, insetos. De acordo com o estudo, os pratos prediletos das raposas-do-campo são os cupins, besouros escaravelhos, gafanhotos e grilos.

Os animais também se alimentam de frutos como goiaba e caçam pequenos vertebrados como os roedores. Além disso, na pesquisa, não foi encontrada nenhuma evidência do consumo de galinhas, apesar da oferta generosa em galinheiros localizados em fazendas da região estudada.

[...]

De acordo com o resultado, a dieta da raposa é diversificada, incluindo alimentos de origem vegetal e animal. Com isso, este mamífero consegue obter nutrientes necessários para sobreviver e reproduzir. [...]

GLOSSÁRIO

Excremento: fezes, cocô.

Mestrado: curso de pós-graduação pelo qual se obtém o título de mestre.

Senso comum: ideias ou pensamentos considerados corretos por uma comunidade ou grupo de pessoas, mas que não foram testados ou verificados cientificamente; portanto, podem ou não estar corretos.

Silvestre: selvagem, que não é domesticado.

Pesquisa revela verdadeira relação entre raposas e galinhas. *Triângulo Notícias*, Patos de Minas, 21 fev. 2020. Disponível em: https://triangulonoticias.com/pesquisa-revela-verdadeira-relacao-entre-raposas-e-galinhas. Acesso em: 9 mar. 2020.

BRINCANDO COM O TEXTO

1 De acordo com a notícia, como as raposas são retratadas pelo senso comum e nas histórias infantis?

_____

2 Uma das características que você escreveu na resposta da pergunta anterior também foi mencionada no texto 1. Qual é? Sublinhe-a na resposta.

_____

3 Que instituições desenvolveram o estudo?

_____

_____

4 Onde o estudo foi realizado?

_____

5 Como os pesquisadores descobriram o tipo de alimento consumido pelos animais? Escolha a alternativa correta.

☐ Os pesquisadores observaram os animais caçando e comendo.

☐ Os pesquisadores analisaram o excremento dos animais.

☐ Os pesquisadores filmaram os animais quando comiam.

6 Escreva **V** para as afirmações verdadeiras e **F** para as falsas.

☐ O principal alimento consumido pelas raposas da pesquisa são galinhas.

☐ Cupins, besouros escaravelhos, gafanhotos e grilos são os alimentos prediletos das raposas estudadas.

☐ No estudo, foram encontradas muitas evidências do consumo de galinhas pelas raposas.

☐ As raposas pesquisadas também se alimentam de frutas e pequenos animais.

7 Por quanto tempo os pesquisadores coletaram dados para a pesquisa?

_____

_____

ORTOGRAFIA

Palavras com g ou j

1 Use **g** ou **j** para completar e escrever corretamente as palavras.

a) tra____eto   d) su____eito   g) a____ito

b) gara____em   e) a____ente   h) ____eleira

c) azule____o   f) su____eira   i) ____eito

2 Copie as palavras da atividade anterior na coluna correta.

Palavras com g	
Palavras com j	

3 Complete o diagrama com o nome de cada imagem.

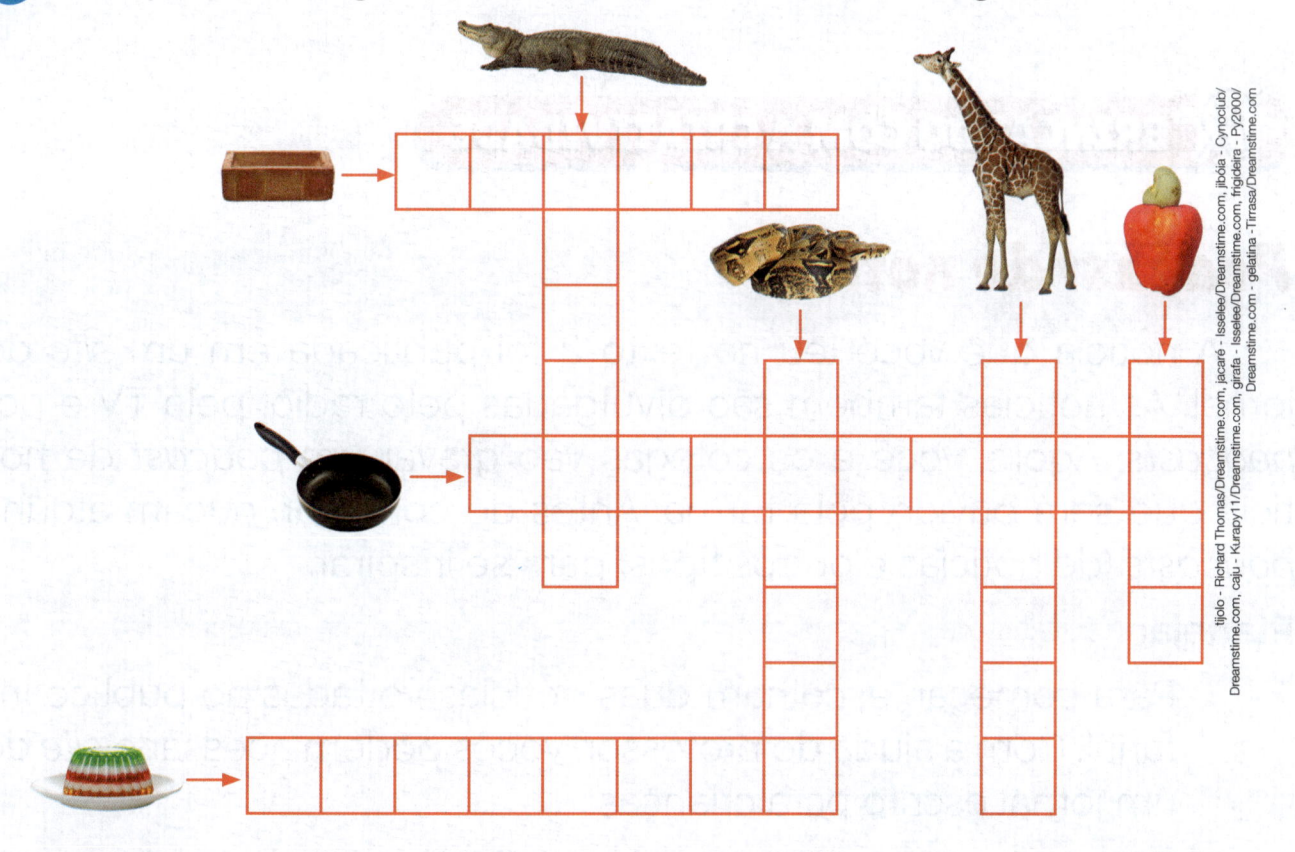

PEQUENO CIDADÃO

Aprender na rede

No texto 2, você leu uma notícia publicada na internet. A internet é uma ótima fonte de informação. Você pode consultar vários *sites* de notícias para ficar sabendo o que acontece em muitos lugares do mundo. Você também pode pesquisar informações, ler textos, assistir a vídeos, produzir e compartilhar conhecimento. Na internet também se aprende!

Converse com os colegas e o professor sobre as questões a seguir.

1. Os adultos com quem você convive costumam aprender algo pela internet? O quê?
2. Você já usou a internet para aprender alguma coisa?
3. Em sua opinião, a internet pode ajudar as pessoas a aprender mais?

BRINCANDO COM A CRIATIVIDADE

Podcast de notícia

A notícia que você leu no texto 2 foi publicada em um *site* de jornal. As notícias também são divulgadas pelo rádio, pela TV e por *podcasts*. Agora, você e os colegas vão gravar um *podcast* de notícia que será ouvido pela turma. Antes de começar, ouçam alguns *podcasts* (de notícias e outros tipos) para se inspirar.

Planejar

1. Para começar, escolham duas notícias voltadas ao público infantil. Com a ajuda do professor, vocês podem acessar o *site* de um jornal escrito para crianças.

2. Leiam as notícias com bastante atenção. Verifiquem se o texto contém o depoimento das pessoas envolvidas no fato. Um de vocês pode simular ser o repórter que colheu esse depoimento. Outro poderá fazer a voz da pessoa que deu o depoimento.
3. Decidam quem será o apresentador e quem vai gravar o áudio.
4. Preparem um roteiro com tudo o que será falado. Estipulem um tempo para a duração do *podcast*. O ideal é que seja de três a cinco minutos.
5. Sugestão de roteiro para o apresentador

- Cumprimente os ouvintes e se apresente.
- Diga o nome do jornal.
- Leia os títulos das notícias.
- Leia a primeira notícia.
- Passe a palavra para o repórter (se for o caso).
- Despeça-se do repórter e retome a palavra.
- Encerre a primeira notícia.
- Transmita a segunda notícia.

Produzir

1. Com a ajuda do professor, passem para a gravação do áudio. Vocês podem utilizar um celular ou um gravador para isso.
2. Durante a gravação, é importante:

- pronunciar bem as palavras, para que todos compreendam o que está sendo falado;
- usar um tom de voz adequado, evitando falar muito alto ou muito baixo;
- observar com atenção os sinais de pontuação das notícias para fazer as pausas corretas durante a leitura.

Revisar e compartilhar

1. Ouçam as gravações e verifiquem se é preciso fazer alguma correção, se as palavras foram bem pronunciadas e se o tom de voz está adequado.
2. No dia combinado pelo professor, apresentem as notícias aos colegas da turma.

BRINCANDO

1. Ajude a galinha a encontrar os filhotes que ficaram no ninho do galinheiro.

TEXTO 1

Para o personagem da história que você vai ler, **palavrão** significa palavra terminada em **ão**. Você concorda? Por quê?

O livro do palavrão

Joãozinho cismou que queria ser gente grande de verdade e, para sua ideia dar certo, ele começou a falar palavrão.

Isso virou uma confusão!

Ele falava um palavrão atrás do outro.

Se queria mel, pedia melão.

Quando ele tinha soluço, falava que tinha a solução.

Chá era chão; pimenta, pimentão; pá, pão.

De manhã pedia:

– Quero leitão! [...]

Mas o que mais o divertia era o que ele via, ouvia e inventava...

Olhava pro céu e uma ave logo virava avião.

E uma bala que ele ganhava fazia o menino voar feito balão.

[...]

Selma Maria. *O livro do palavrão*. São Paulo: Editora do Brasil, 2015. p. 4-7, 12-13.

BRINCANDO COM O TEXTO

1 O que Joãozinho cismou que queria ser?
_____
_____

2 O que ele começou a fazer?
_____
_____
_____

3 Escreva o que Joãozinho formou usando as palavras a seguir.

a) mel _____   d) pá _____

b) pimenta _____   e) chá _____

c) soluço _____   f) bala _____

4 Ligue a palavra falada por Joãozinho à palavra original correspondente.

a) leitão   mel

b) avião   leite

c) melão   ave

5 Pesquise duas palavras que, quando mudadas com a terminação **ão**, ganham novo significado.
_____
_____

BRINCANDO COM O APRENDIZADO

1 Complete as frases usando coletivos.

a) Uma plantação de laranjas é um _____.

b) Uma plantação de arroz é um _____.

c) Uma plantação de cana é um _____.

2 Classifique as palavras quanto ao número de sílabas, à posição da sílaba tônica, ao gênero (feminino ou masculino) e ao número (singular ou plural).

a) telefone

_____
_____
_____
_____

b) bolas

_____
_____
_____
_____

c) pêssego

_____
_____
_____
_____

d) lápis

_____
_____
_____
_____

e) mochila

_____
_____
_____
_____

f) sofá

_____
_____
_____
_____

3 Reescreva as frases a seguir empregando corretamente o til (~) e os acentos agudo (´) e circunflexo (^).

a) Ha muito po no bau da vovo.
_____

b) Nao fui hospede do capitao.
_____

c) Voce trabalha na fabrica de cafe?
_____

d) A helice do aviao partiu e caiu no chao.
_____

e) Andre leu a historia ate a pagina tres.
_____

4 Ligue as palavras às classificações correspondentes.

a) massa   dissílaba, oxítona

b) bonequinho   polissílaba, proparoxítona

c) pastéis   dissílaba, paroxítona

d) Juquinha   polissílaba, paroxítona

e) gramática   trissílaba, paroxítona

ORTOGRAFIA

Palavras com c e qu

1 Substitua o símbolo ★ por **ca**, **co** ou **cu** e reescreva corretamente as palavras.

a) ★ melo → _____

b) ★ mundongo → _____

c) maca ★ → _____

d) ★ tia → _____

e) ★ ruja → _____

f) ★ valo → _____

g) su ★ ri → _____

h) ★ elho → _____

i) ★ pim → _____

2 Separe as palavras em sílabas.

a) cocada → _____

b) cutícula → _____

c) binóculo → _____

d) abacate → _____

e) macarronada → _____

f) Colômbia → _____

g) calculadora → _____

h) cupinzeiro → _____

3 Complete o nome das imagens com **qua**, **que** ou **qui**.

a) _____ be

c) le _____

e) _____ ijo

b) a _____ rio

d) _____ tro

f) _____ abo

4 Complete as palavras do quadro.

qua	que	qui
_____ se	_____ da	_____ lo
_____ rtel	co _____ iro	peri _____ to
ta _____ ra	mole _____	ar _____ vo
_____ rto	caci _____	má _____ na

5 Ordene as sílabas e escreva as palavras formadas. Depois, indique a sílaba tônica.

a) ca | cho | do _____

b) do | dra | qua _____

c) que | a | dor | ce _____

d) tro | qui | me | lô _____

6 Escreva uma frase com uma das palavras da atividade 5.

_____

_____

TEXTO 2

No texto 1, você leu "palavrões" terminados em **ão**. O que será que acontece se as palavras perdem o **inho**?

O peixinho perdeu o inho

Foi assim: lá ia ele, nadando e cantarolando.

De repente, um **pé de vento** invadiu o rio, agitou as águas, chacoalhou as pedras.

Deu de cara com o peixinho – rebola pra lá, rebola pra cá – e nhact!

Lá se foi o **INHO**, que pelo jeito não estava bem colado...

Foi um susto daqueles.

O **PEIX** ficou alguns instantes paralisado, os olhos esbugalhados, tremendo.

E agora?

Nisso, o mesmo pé de vento, na volta, trouxe um ão.

E paf!: o ão grudou igual carrapato no **PEIX**.

Grudou e pronto: na mesma hora, o **PEIX** virou um peixão deste tamanho!

Era um peixão tão grande, mas tão grande, que suas escamas, acostumadas ao tamanho do peixinho, se rasgaram [...].

Sonia Junqueira. *O peixinho perdeu o inho*. Belo Horizonte: Autêntica, 2013. p. 5-8.

GLOSSÁRIO

Pé de vento: vento forte ou rajada de vento.

BRINCANDO COM O TEXTO

1 Quem é o principal personagem da história?
_____

2 Onde o personagem vivia?
_____

3 Marque o que o personagem estava fazendo quando o pé de vento invadiu o rio.

☐ nadando   ☐ assobiando

☐ comendo   ☐ cantarolando

4 O que acontece com esse personagem?
_____
_____
_____
_____

5 O que acontece com as escamas do peixinho?
_____
_____

6 Complete as palavras com as partes que o **PEIX** perdeu e ganhou.

a) peix _____   b) peix _____

7 O que seria o **inho** do peixe? E o **ão**?
_____
_____

8 Escolha a alternativa correta sobre o texto.

☐ O texto é um estudo sobre o uso do **ão** e do **inho**.

☐ O texto não conta nenhuma história.

☐ O texto é, na verdade, a história do crescimento do peixinho.

9 Em sua opinião, como o peixinho era? E como será que ficou? Ilustre nos quadrinhos a seguir a história do peixinho em quatro etapas.

BRINCANDO

1 Encontre **7 diferenças** entre as ilustrações.

GRAMÁTICA

Diminutivo e aumentativo

Observe as imagens e o nome delas.

livr**inho**   livr**o**   livr**ão**

A palavra **livro** indica um livro de tamanho normal.
A palavra **livrinho** indica um livro menor do que o livro normal.
A palavra **livrão** indica um livro maior do que o livro normal.
Livrinho é diminutivo de **livro**.
Livrão é aumentativo de **livro**.

> O **grau** indica o tamanho maior ou menor do que o normal.
> Os graus são: **diminutivo** e **aumentativo**.

Conheça o diminutivo de algumas palavras.

amigo → amiguinho		**flor** → florzinha	
animal → animalzinho		**homem** → homenzinho	
ave → avezinha		**lugar** → lugarzinho, lugarejo	
bola → bolinha		**menino** → menininho	
caixa → caixinha, caixote		**nariz** → narizinho	
cão → cãozinho		**rapaz** → rapazinho	
casa → casinha, casebre		**sapato** → sapatinho	

Agora, conheça o aumentativo de algumas palavras.

amigo → amigão	rico → ricaço	nariz → narigão
animal → animalão	homem → homenzarrão	rapaz → rapagão
cão → canzarrão	menino → meninão	valente → valentão
fogo → fogaréu		

ATIVIDADES

1 Escreva o nome das imagens no diminutivo.

a) _____

b) _____

c) _____

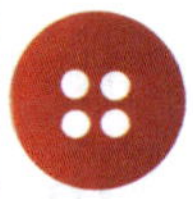

d) _____

e) _____

f) _____

2 Dê o aumentativo de cada substantivo.

a) cachorro _____

b) casa _____

c) amigo _____

d) dedo _____

e) caderno _____

f) garfo _____

3 Escreva as palavras no grau normal.

a) caquinho _____

b) rosinha _____

c) mesão _____

d) meninão _____

4 Troque a forma aumentativa por outra. Veja o modelo.

> Fogaréu é um fogo grande.

a) Homenzarrão é um _____.

b) Garrafão é uma _____.

c) Amigão é um _____.

d) Rapagão é um _____.

e) Animalão é um _____.

f) Porção é um _____.

5 Complete as expressões com o respectivo diminutivo. Veja o modelo.

> Um amigo pequeno é um amiguinho.

a) Um cão pequeno é um _____.

b) Uma caixa pequena é uma _____.

c) Um homem pequeno é um _____.

d) Uma ave pequena é uma _____.

e) Uma casa pequena é uma _____.

6 Escreva o diminutivo e o aumentativo das palavras

Diminutivo	Normal	Aumentativo
_____	sacola	_____
_____	boneca	_____
_____	cachorro	_____
_____	barco	_____

7 Reescreva as frases completando-as com o nome das imagens no diminutivo.

a) Este [carro] e esta [panela] são de brinquedo.

_____

b) O [computador] é do [menino].

_____

c) O [macarrão] e o [brócolis] estão deliciosos.

_____

d) A [raquete] está perto da [bolsa].

_____

BRINCANDO COM A CRIATIVIDADE

Versão de história

Nesta unidade você leu dois textos. No primeiro, o personagem Joãozinho queria ser grande. No segundo, o peixinho virou um peixão.

Agora, solte a imaginação para criar uma história com o título: **Joãozinho perdeu o zinho**. Vamos lá?

Planejar

1. Pense no que vai acontecer com o personagem Joãozinho. Será que ele vai continuar trocando o final das palavras? O que vai ocorrer para ele perder o **zinho** e ser grande de verdade?
2. Tente usar algumas palavras no diminutivo e no aumentativo.

Produzir

1. Faça um rascunho do texto no caderno. Lembre-se de que sua história precisa ter começo, meio e fim.

Reler

1. Releia a história que você escreveu. O que pode ser melhorado nela? Tente fazer isso.

Revisar

1. Será que o professor ou um colega tem alguma sugestão para melhorar ainda mais o texto que você escreveu? Verifique.

Editar e compartilhar

1. Você gostou das observações do professor ou do colega? Há algo para ser modificado no texto? Avalie e faça as mudanças necessárias.

2. Use as linhas abaixo para passar o texto a limpo. Depois, leia-o para os colegas. Lembre-se do tom de voz, para que todos escutem bem a história que você vai contar.

UNIDADE 10

TEXTO 1

Leia o título do texto. O que você consegue imaginar de uma história com esse título?

Observe o texto nesta página e na seguinte. Você sabe explicar por que alguns parágrafos começam com travessão e outros não?

Conto ou não conto?

[...]

Depois de muitos anos, ainda me lembro em detalhes sobre o que eu e minha prima conversamos.

Éramos muito pequenas e eu passava as férias em sua casa. Nunca brincamos tanto quanto naqueles dias!

Lembro-me do segredo que ela prometeu me contar.

– Olha, eu vou contar, mas é segredo! Não conte para ninguém. Se você contar eu vou ficar de mal.

– Eu não vou contar, já disse!

O segredo não era nada sério, coisa mesmo de criança naquela idade.

E ela acabou me contando...

– Minha mãe saiu para fazer compras e eu tentei fazer um bolo. Eu quebrei dois ovos, misturei com a farinha de trigo e o açúcar. Não deu nada certo. Com medo, eu arrumei tudo, joguei o bolo fora e até hoje minha mãe não sabe de nada...

[...]

A minha língua coçou. Um segredo daqueles não poderia ficar guardado.

Na primeira oportunidade em que eu fiquei sozinha, procurei minha tia, que estava preparando o almoço.

– Tia, preciso contar uma coisa.

– Pois conte que estou ouvindo. Não posso te dar mais atenção, senão o almoço não sai.

– É que eu tenho um segredo pra te contar e não sei se devo...

– O segredo é seu ou dos outros?

– Dos outros... Quer dizer, da prima!

– E por que você quer contar os segredos alheios?

– Bem, eu pensei que a senhora quisesse saber o que aconteceu...

– Ah, minha filha, deixa eu te fazer apenas uma pergunta: a dona do segredo te autorizou a contá-lo?

– Na verdade, não!

– E por qual motivo você me contaria, então?

– É que... Bem, o que ela fez não é muito certo...

– E você vai dedurar a sua prima? Se for alguma coisa muito grave ela ficará de castigo. E você não terá com quem brincar. Você já pensou nisso?

– Não...

– Pois pense. E depois volte aqui para conversarmos...

Eu não sabia onde enfiar a cara, de tanta vergonha. [...]

Abel Sidney. *Conto ou não conto?* p. 1-3. Disponível em: www.dominiopublico.gov.br/download/texto/ea000337.pdf. Acesso em: 19 mar. 2020.

BRINCANDO COM O TEXTO

1 No título, o verbo **contar** tem o mesmo sentido que:

☐ calcular.   ☐ relatar.

2 Que personagens participam da história?
_____

3 As personagens têm nome? Como elas são apresentadas?
_____

4 A pessoa que narra a história é:

☐ alguém que tem um segredo sobre si mesma.

☐ alguém que sabe o segredo de outra pessoa.

5 Nas duas primeiras frases do texto, pode-se dizer que a narradora:

☐ está contando ao leitor algo que já aconteceu há bastante tempo, quando passava férias na casa da prima.

☐ espera ansiosamente pelas férias para brincar com a prima e escutar seus segredos.

6 No momento da narração, a narradora considera o segredo:

☐ muito importante.   ☐ uma coisa boba.

- Justifique sua resposta com um trecho do texto. Copie-o a seguir.

_____

7 Você contaria para outra pessoa o segredo de alguém? Por quê? Converse sobre isso com o professor e os colegas.

ORALIDADE

História em quadrinhos

1. No texto 1, como será que o diálogo entre tia e sobrinha continua? Observe a HQ que dá seguimento à história e complete o diálogo entre elas. Siga estas orientações:
   1. No primeiro quadrinho, elas estão almoçando e não há conversa.
   2. No segundo quadrinho, escreva o que a tia pode ter dito para a sobrinha e o que a sobrinha respondeu.
   3. No terceiro quadrinho, o que as primas dizem uma para a outra?
2. Convide um colega para reproduzir oralmente os diálogos que vocês criaram. Um de vocês será a tia e o outro será a sobrinha.

Ilustrações: Fabiana Salomão

BRINCANDO COM O APRENDIZADO

1 Relacione a legenda com as palavras.

1 encontro vocálico   **2** encontro consonantal   **3** dígrafo

☐ pluma   ☐ trave
☐ carro   ☐ praça
☐ descida   ☐ ninhada
☐ curioso   ☐ peixe
☐ milho   ☐ miau

2 Encaixe as sílabas destas palavras nos quadrinhos.

1. assustado   4. garagista   7. apartamento
2. mosquiteiro   5. ramalhete   8. pediatra
3. passarinho   6. português   9. carroceria

3 Escreva uma frase com uma das palavras da atividade 2.

_____

_____

4) Escreva o nome das imagens.

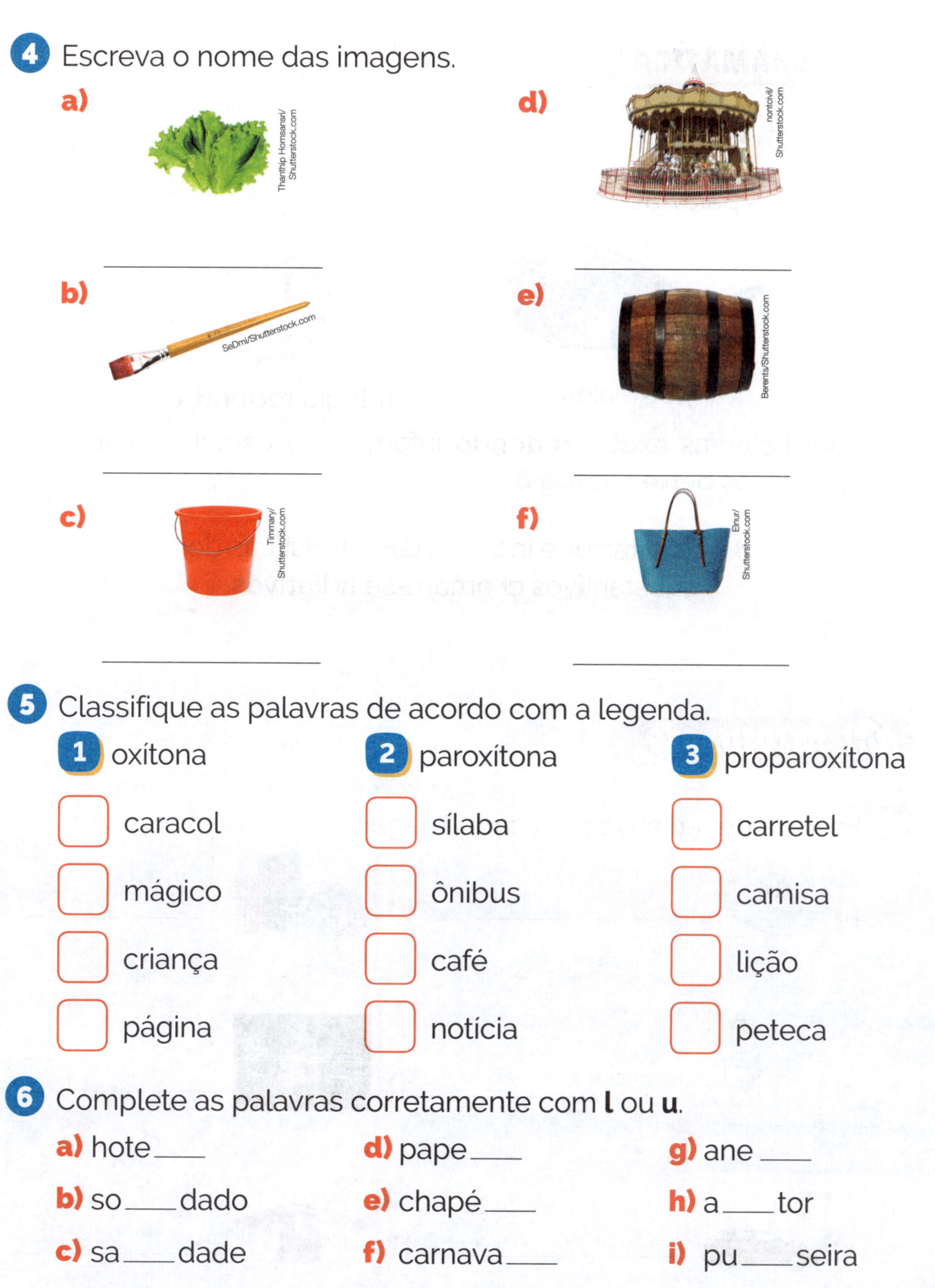

a) _____

b) _____

c) _____

d) _____

e) _____

f) _____

5) Classifique as palavras de acordo com a legenda.

1 oxítona **2** paroxítona **3** proparoxítona

- ☐ caracol
- ☐ mágico
- ☐ criança
- ☐ página
- ☐ sílaba
- ☐ ônibus
- ☐ café
- ☐ notícia
- ☐ carretel
- ☐ camisa
- ☐ lição
- ☐ peteca

6) Complete as palavras corretamente com **l** ou **u**.

a) hote____

b) so____dado

c) sa____dade

d) pape____

e) chapé____

f) carnava____

g) ane____

h) a____tor

i) pu____seira

GRAMÁTICA

Adjetivo

Leia as palavras.

peixe **azul**   relógio **redondo**

As palavras **azul** e **redondo** informam a característica dos substantivos **peixe** e **relógio**.

> As palavras que indicam características dos substantivos chamam-se **adjetivos**.

ATIVIDADES

1 Escreva um adjetivo para cada imagem.

a) _____

b) _____

c) _____

d) _____

e) _____

f) _____

2 Complete as frases com os adjetivos adequados.

a) Quem tem coragem é _____.

b) Quem tem preguiça é _____.

c) Quem tem medo é _____.

d) Quem tem paciência é _____.

3 Sublinhe os adjetivos.

a) Melissa é inteligente.

b) A comida estava deliciosa.

c) Meu casaco é amarelo.

d) A rua está limpa.

e) O cinema estava vazio.

f) Gosto de carne assada.

4 Escreva adjetivos para substituir as expressões destacadas.

a) Artur está **com sono**. _____

b) É um cão **que come muito**. _____

c) Há uma luz **que brilha no céu**. _____

d) Mamãe está **com orgulho** de Beto. _____

e) A menina está **com fome**. _____

5 Escreva um adjetivo para cada substantivo dado.

a) caneta _____

b) parede _____

c) perfume _____

d) árvore _____

e) sopa _____

TEXTO 2

Você sabe por que o texto a seguir começa com uma data?

2 de agosto

(Agosto é o mês do desgosto, dos cachorros loucos e do folclore. Eta, mesinho!!)

As aulas começaram ontem. Tudo do mesmo tamanho. Tem uma menina nova na classe, Uliana, que parece ser muito legal. Ganhei um desenho do Rô (adorei trilhões!!!), uma cartinha das meninas e uma outra da Tatiana, com quem quase nunca converso. Empreste-me um pouco seu espaço e te mostro tudo.

Edson Gabriel Garcia. *Diário de Biloca.* São Paulo: Atual, 2003. p. 67.

BRINCANDO COM O TEXTO

1) Verifique se você entende o significado das frases abaixo de acordo com as ideias do texto.

a) "Eta, mesinho!!!"
_____

b) "Adorei trilhões!!!"
_____

2) Qual é o nome da personagem principal?
_____

3) O que os amigos da personagem principal deram a ela de presente?
_____

4) Qual é o tema principal das cartas?
_____

5) Como é o relacionamento da personagem principal com Tatiana?
_____

6) Há uma menina nova na sala de aula. Qual é seu nome e o que a narradora pensa sobre ela?
_____
_____

7) O texto que você leu foi escrito em forma de diário e publicado em um livro. Qual é o título do livro?
_____

ORTOGRAFIA

Palavras com g e gu

1 Substitua o símbolo corretamente por **ge** ou **gi**.

a) ★ latina

b) ★ nial

c) tan ★ rina

d) ti ★ la

e) ★ rassol

f) ★ ma

g) ★ gante

h) ★ lo

i) ★ neral

j) má ★ co

2 Separe as palavras em sílabas.

a) regime

b) agitado

c) gemada

d) geladeira

e) gerador

f) gelatinoso

g) ginástica

h) general

i) gemido

j) Gisele

3 Complete as palavras com **gua**, **gue** ou **gui**.

a) _____ raná

b) pre _____ ça

c) açou _____

d) á _____

e) lín _____

f) san _____

g) _____ che

h) fo _____ ira

i) _____ a

j) á _____ a

4 Escreva o nome das imagens.

a) _____

b) _____

c) _____

d) _____

e) _____

f) _____

5 Junte as sílabas e escreva as palavras. Depois, escreva a sílaba tônica nos quadradinhos.

a) é-gua _____ ☐

b) es-gui-cho _____ ☐

c) guer-ra _____ ☐

d) lé-gua _____ ☐

e) ban-gue-la _____ ☐

f) a-gua-cei-ro _____ ☐

BRINCANDO COM A CRIATIVIDADE

Diário pessoal

No texto 2 desta unidade, você leu uma página de diário. Alguma vez você já escreveu em um?

O diário é um caderno em que escrevemos pensamentos, sentimentos e acontecimentos do dia a dia. Em geral, ele só é lido por quem o escreve.

Planejar e produzir

1. Escolha um dia de sua vida e escreva o que tiver vontade sobre ele.
2. Pense nos acontecimentos desse dia, onde você estava, com quem, os fatos, o que sentiu, o que pensou.
3. Faça um rascunho do texto no caderno.

Reler e revisar

1. Leia o texto que você escreveu.
2. Se quiser, peça a opinião do professor e dos colegas.
3. Corrija o que for necessário.

Editar

1. Use o espaço da página seguinte para passar a limpo o texto de seu diário e expressar sentimentos e opiniões.
2. Se desejar, você também pode fazer colagens, como no *Diário de Biloca*.

Compartilhar

1. O texto do diário é individual e não costuma ser compartilhado com outras pessoas. Mas, se você quiser, pode mostrar sua produção aos colegas e familiares.
2. Aproveite para perguntar aos seus familiares e amigos se eles já escreveram em um diário e como foi essa experiência para eles.

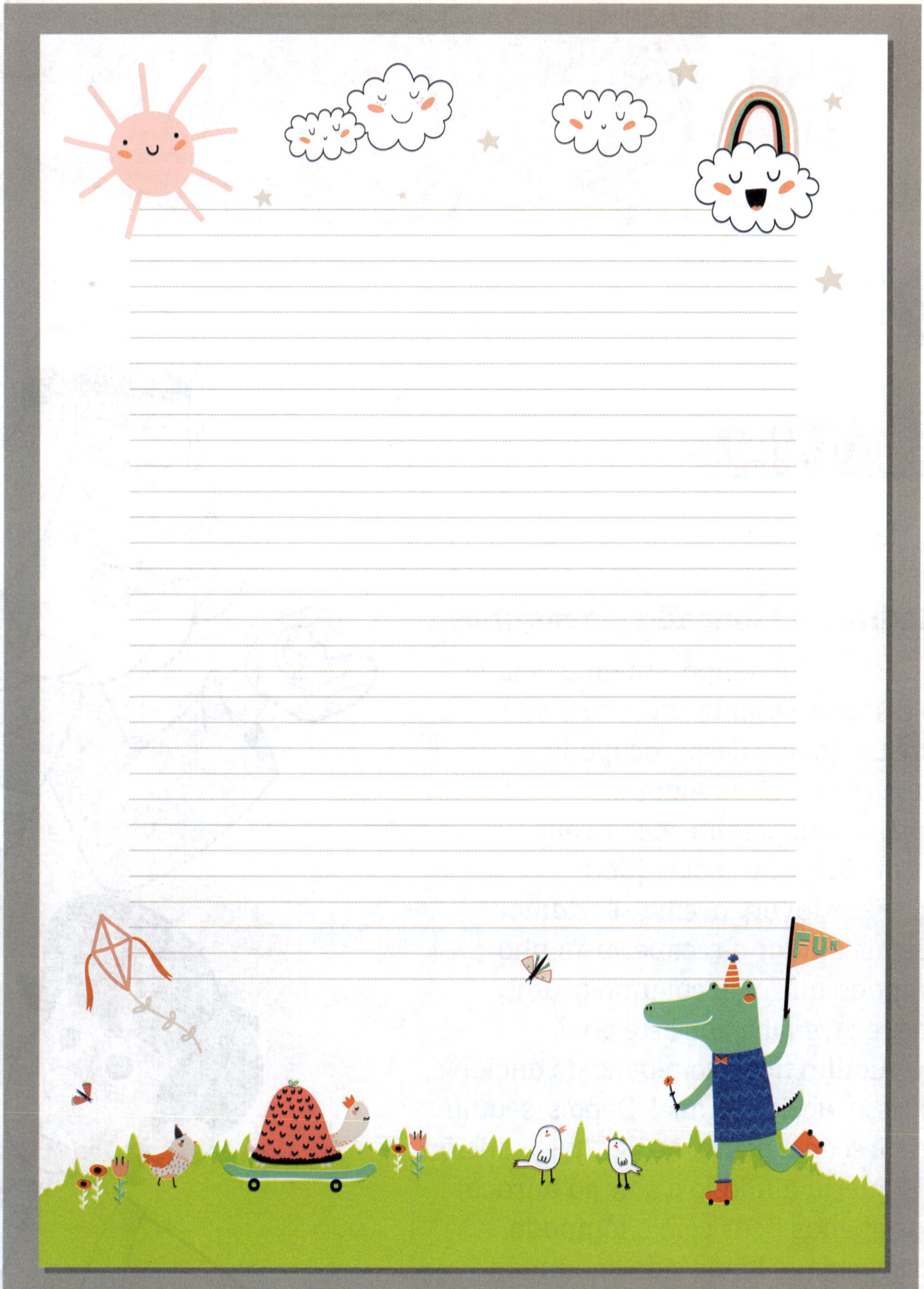

Shutterstock/Ruslana_Vasiukova

UNIDADE 11

TEXTO 1

Leia o título do texto e observe as ilustrações. Você conhece essa história?

Aladim e a Lâmpada Maravilhosa

Há muito tempo, em uma cidade do distante Oriente, vivia com sua mãe um jovem despreocupado e alegre chamado Aladim.

Um dia, Aladim encontrou um ancião, que pedia ajuda:

– Por favor, jovem! – exclamou. – Se me ajudar a recuperar minha lâmpada que caiu em uma gruta, em troca, eu lhe dou este anel.

Aladim ficou com pena do ancião e, por isso, aceitou o anel. Depois, seguiu em direção à gruta. Ao ver que o ancião não queria ajudá-lo a sair do buraco, mas apenas ficar com a lâmpada, percebeu que havia sido enganado e decidiu não entregá-la a ele.

Mais tarde, quando voltou para casa e mostrou a lâmpada para a mãe, ela se pôs a limpá-la e esfregá-la para dar brilho.

De repente, de dentro dela surgiu um gênio, que lhe concedeu todas as riquezas do mundo: ouro, pedras preciosas e um magnífico palácio, para viverem como reis.

Então, Aladim apaixonou-se por uma bela princesa do reino e, como era rico, pôde se casar com ela.

Mas nem tudo era fácil para os recém-casados, já que o malvado ancião queria se vingar de Aladim e enganou a princesa para que lhe desse a lâmpada do gênio, que parecia velha e suja, em troca de outra nova e reluzente. Felizmente, o inteligente Aladim havia guardado o anel, que também era mágico e tinha um gênio dentro.

Graças à ajuda do gênio, Aladim pôde se livrar do malvado ancião para, assim, viver muito feliz com sua esposa pelo resto da vida.

Quem mente e promete algo que não vai cumprir nunca poderá vencer os que têm coração nobre.

María Mañeru. *Contos da Carochinha: um livro de histórias clássicas*. Barueri: Girassol, 2014. p. 18-19.

BRINCANDO COM O TEXTO

1 Quando e onde a história aconteceu?
_____
_____

2 Quem é o personagem principal da história?
_____

3 O que o ancião pediu a Aladim?
_____
_____

4 Por que Aladim resolveu ajudar o ancião? Marque **V** para verdadeiro e **F** para falso.

☐ Porque ficou com pena do ancião.

☐ Porque Aladim era despreocupado e alegre.

☐ Porque ganhou um anel do ancião.

☐ Porque o ancião estava chorando.

5 Aladim aceitou o anel em troca de ajudar o ancião a recuperar a lâmpada. Por que ele mudou de atitude?
_____
_____
_____
_____

6 Como o gênio apareceu na história?

_____

_____

7 O que Aladim fez com a lâmpada que encontrou? Marque a alternativa correta.

☐ Entregou a lâmpada ao ancião.

☐ Levou a lâmpada para casa.

☐ Esfregou a lâmpada até o gênio sair dela.

☐ Jogou a lâmpada no buraco da gruta.

8 Releia este trecho do conto.

> Mais tarde, quando voltou para casa e mostrou a lâmpada para a mãe, **ela** se pôs a limpá-**la** e esfregá-**la** para dar brilho.

- A que ou a quem se referem as palavras destacadas?

_____

_____

_____

9 O que o ancião fez para se vingar de Aladim?

_____

_____

10 Como foi o final da história?

_____

_____

ORALIDADE

Contação de história

O professor vai reler a história em voz alta e você vai recontá-la às pessoas da sua família. Siga as orientações.

1. Preste atenção à leitura do professor: a entonação da voz, as pausas, as expressões do rosto. Todos os detalhes importam.
2. Reúnam-se em grupo para ensaiar. Pense nos elementos que você vai acrescentar para dar seu toque especial na contação.
3. Conte a história aos colegas e peça que eles opinem e digam o que pode ser melhorado. Faça o mesmo ao ouvir a contação deles.
4. Depois, conte ainda mais uma vez. Se estiver inseguro, peça ajuda ao professor.
5. Por fim, reúna as pessoas que moram com você e faça a sua contação.

BRINCANDO COM O APRENDIZADO

1. Classifique as palavras quanto ao número de sílabas e à tonicidade.

   a) príncipe
   b) amigo
   c) urubu

   _____   _____   _____
   _____   _____   _____

2. Reescreva as frases e coloque acento agudo ('), acento circunflexo (^) e til (~) onde for necessário.

   a) Joao e funcionario publico.
   _____

   b) Natalia foi brincar de bambole.
   _____

3 Complete as palavras com **c** ou **ç**.

a) caro___o e) pra___a i) ___enoura

b) a___úcar f) ___ebola j) ta___a

c) ___igarra g) almo___o k) do___e

d) ma___ã h) can___ão l) ___into

4 Troque os substantivos destacados pelo diminutivo (use uma só palavra para escrever o diminutivo).

a) A **garota** tem uma **bola** colorida.
_____

b) Os **panos** estão sobre a **mesa**.
_____

c) Caio é um **primo** de Lara.
_____

5 Reescreva as palavras no plural.

a) o tubarão forte _____

b) o cão e o coração _____

c) o pastel e o fuzil _____

d) o papel e o anel _____

6 Complete as frases com o antônimo dos adjetivos.

a) Este cãozinho é manso e aquele é _____

b) Cíntia é agitada e Vera é _____

c) Papai é alto, mas titio é _____

d) Aqui está claro, mas lá está _____

e) Cauã está alegre, mas Lucas está _____

GRAMÁTICA

Artigo

Leia as palavras que acompanham as imagens.

o urso **os** ursos

a camiseta **as** camisetas

um prego **uns** pregos

uma lagarta **umas** lagartas

As palavras **o**, **a**, **os**, **as**, **um**, **uma**, **uns**, **umas** são artigos.

Artigo é a palavra que antecede o substantivo e concorda com ele em gênero e número. O artigo indica se o substantivo é feminino ou masculino, singular ou plural.

ATIVIDADES

1 Complete o quadro com os artigos corretos. Atenção: há duas possibilidades para cada substantivo!

> a   as   o   os   um   uns   uma   umas

Artigo	Substantivo
	chapéu
	ramalhete
	vez
	sala
	lição
	guarda-chuva
	copo
	aprendizes
	tomate
	pilotos
	dentadura
	baianas
	flor
	mesas

2 Escreva o nome das imagens acompanhado do artigo adequado.

a) _____

c) _____

b) _____

d) _____

3 Complete as frases com os artigos do quadro.

| um | uns | uma | umas |

a) Mariana ganhou _____ *skate*.

b) _____ garotos jogaram voleibol.

c) Dei _____ flores para minha irmã.

d) Rodrigo ganhou _____ bateria de presente.

4 Reescreva as frases da atividade 3 usando os artigos do quadro.

| o | os | a | as |

a) _____

b) _____

c) _____

d) _____

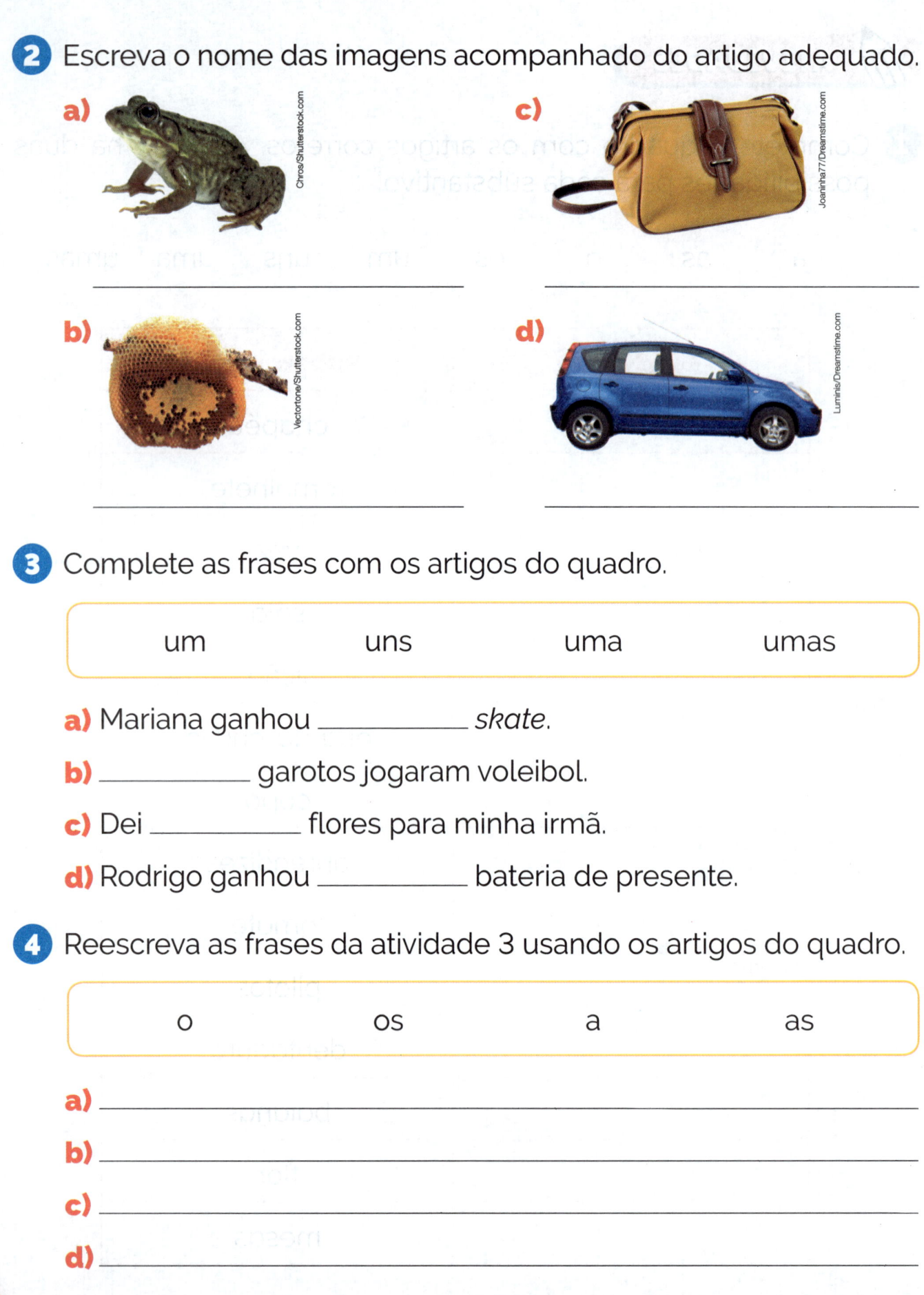

TEXTO 2

Se você encontrasse uma lâmpada mágica e tivesse três desejos, o que pediria? E o que você acha que a Magali, da história em quadrinhos a seguir, pediria?

BRINCANDO COM O TEXTO

1 Qual é o nome da personagem principal dos quadrinhos?
_____

2 O que a personagem encontrou no meio do caminho?
_____

3 Quem saiu de dentro da lâmpada? E o que ele disse para a personagem?
_____

4 Quais foram os três pedidos da personagem?
_____

5 Organize o cardápio que a personagem escolheu para o café da manhã e o almoço.

Café da manhã	Almoço

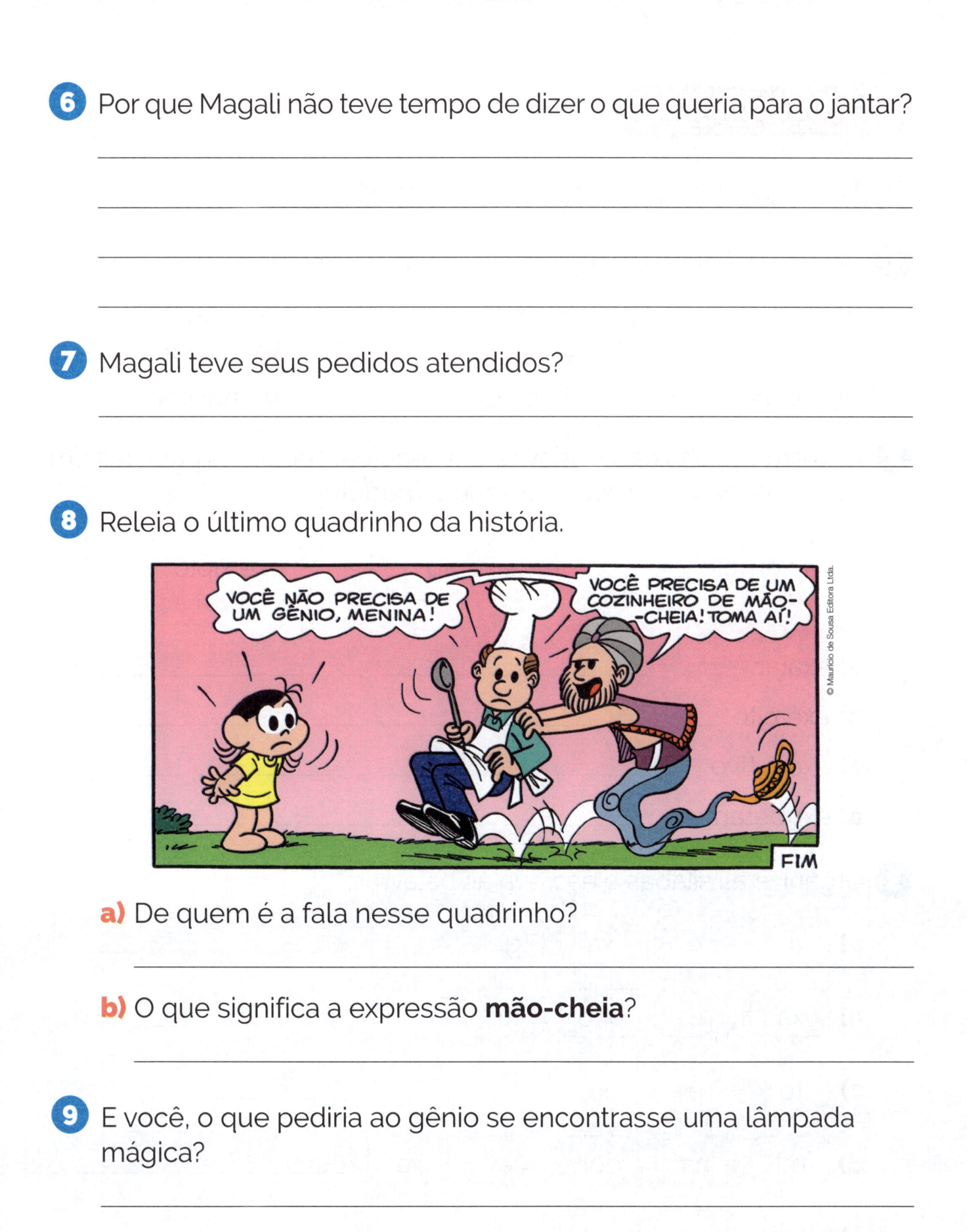

6 Por que Magali não teve tempo de dizer o que queria para o jantar?
___
___
___
___

7 Magali teve seus pedidos atendidos?
___
___

8 Releia o último quadrinho da história.

> VOCÊ NÃO PRECISA DE UM GÊNIO, MENINA!
>
> VOCÊ PRECISA DE UM COZINHEIRO DE MÃO-CHEIA! TOMA AÍ!

FIM

© Maurício de Sousa Editora Ltda.

a) De quem é a fala nesse quadrinho?
___

b) O que significa a expressão **mão-cheia**?
___

9 E você, o que pediria ao gênio se encontrasse uma lâmpada mágica?
___
___

ORTOGRAFIA

Palavras em que x tem som de z

1 Circule as palavras em que a letra **x** tem som de **z**.

a) exibir
b) xale
c) exótico
d) exercer
e) existir
f) exato
g) exigente
h) executar
i) máximo

2 Leia em voz alta cada palavra. Em seguida, separe as palavras em sílabas e reescreva-as, conforme o modelo.

exemplo	e-xem-plo	exemplo

a) exalar _____ _____

b) exército _____ _____

c) executivo _____ _____

d) exuberante _____ _____

3 Organize as sílabas e escreva as palavras.

a) ro | e | xa | ge _____

b) xa | e | dão | ti _____

c) to | ê | xi _____

d) mi | na | dor | e | xa _____

e) tar | e | xul _____

BRINCANDO COM A CRIATIVIDADE

História em quadrinhos

Nesta unidade, você leu uma história em quadrinhos que foi criada com base em um conto tradicional.

Agora é sua vez de fazer isso. As histórias criadas poderão fazer parte de um livro de histórias em quadrinhos (HQ) da turma.

Planejar e produzir

1. Escolha um conto tradicional que você conhece ou procure um conto em um livro da biblioteca ou do cantinho de leitura da sala da aula.
2. Leia a história com bastante atenção. Depois, pense sobre estas perguntas:
- Você prefere recontar a mesma história em forma de quadrinhos?
- Ou você prefere criar uma nova versão de história em quadrinhos, inspirada no conto que leu?
3. Leia mais uma vez a história, desta vez atentando-se mais a detalhes que possam ajudá-lo a fazer a sua HQ.
4. Planeje bem os quadrinhos. Pense em quantos você precisará desenhar.
5. Na sequência, faça um rascunho de sua HQ: desenhe as cenas (não precisa pintá-las ainda) e distribua as falas e os pensamentos nos balões.

Reler e revisar

1. Releia sua história, buscando fazer correções para deixá-la ainda melhor. Peça a um colega e ao professor que também façam isso.

Editar

1. Passe sua HQ a limpo em uma folha de papel avulsa e pinte as cenas.

Compartilhar

1. O professor vai reunir as histórias para compor um livro que ficará disponível para que todos da turma leiam!

UNIDADE 12

TEXTO 1

O texto a seguir foi publicado em uma revista chamada *Ciência Hoje das Crianças* (*CHC*). Leia o título. Você já viu um tatu-canastra?

FALA AQUI!

Procura-se o tatu-canastra

Lemos o texto sobre o tatu-canastra publicado na *CHC* 161. Já faz tempo, mas estamos escrevendo para dar nossa opinião. Foi muito interessante saber algumas informações, que para nós foram novidades: que o tatu-canastra é o maior tatu do mundo (pesa cerca de 40 quilos) e que sua toca mede aproximadamente 5 metros. Sabemos que o tatu-canastra está em extinção, mas ficamos curiosos em saber os motivos (será que comem a carne dele? Ou fazem algo com o casco?). Sugerimos que escrevam outro texto com essas informações. Estamos esperando ansiosos por uma resposta.

Desde já agradecemos.

Alunos do 3º ano C. EMEB Marcos Gasparian. Jundiaí/SP.

Olá, turma! Publicamos outro artigo sobre o tatu-canastra na CHC 281. Confiram!

Ciência Hoje das Crianças, Rio de Janeiro, n. 301, ano 32, 17 jul. 2019. Seção Fala aqui!

BRINCANDO COM O TEXTO

1) O texto que você leu é uma carta escrita por leitores. Responda:

a) Quem escreveu a carta?
_____

b) Para quem a carta foi escrita?
_____

c) Para que a carta foi escrita?
_____
_____
_____

d) A carta foi publicada em que edição da revista?
_____

e) Por que a carta tem esse título?
_____
_____

2) Releia o final do texto.

> *Olá, turma! Publicamos outro artigo sobre o tatu--canastra na CHC 281. Confiram!*

a) De quem é esse texto?
_____

b) Por que ele foi escrito?
_____
_____

3 Assinale **V** para verdadeiro e **F** para falso.

☐ A toca do tatu-canastra mede cerca de 5 metros.

☐ O tatu-canastra pesa aproximadamente 40 quilos.

☐ O texto informa quais são as causas da extinção do tatu-canastra.

☐ O tatu-canastra é o maior tatu do mundo.

☐ A opinião dos alunos em relação ao texto que leram sobre o tatu-canastra é negativa.

BRINCANDO COM O APRENDIZADO

1 Forme grupos de palavras como no modelo:

> flor, florista, florido

a) mel, _____, _____

b) vidro, _____, _____

c) jornal, _____, _____

d) dente, _____, _____

2 Escreva o que se pede.

a) chão (encontro vocálico): _____.

b) pequeno (antônimo): _____.

c) bala (diminutivo): _____.

d) garrafa (aumentativo): _____.

3 Reescreva as palavras no plural.

a) o leão forte _____

b) o pão e o pião _____

c) o anel e o funil _____

d) o pastel e o carretel _____

4 Escreva uma frase interrogativa para cada afirmação a seguir. Veja o exemplo.

> Vera recebeu um lindo presente.
> O que Vera recebeu? Ou: Quem recebeu um lindo presente?

a) Lúcia tem novidades para você.
_____
_____

b) Marcos está satisfeito com o trabalho.
_____
_____

c) Carlos é amigo de Luciana.
_____
_____

d) Ela trabalha no banco.
_____
_____

e) Marina está feliz.
_____
_____

5 Complete as palavras com **l** ou **u**.

a) minga_____

b) degra_____

c) hote_____

d) vé_____

e) a_____finete

f) quinta_____

g) bo_____sa

h) chapé_____

i) tone_____

j) cé_____

6 Acentue as palavras corretamente.

a) Mario colocou açucar no açucareiro.

b) Rogerio ganhou um radio e um relogio.

c) Comi doce de abobora com amendoa.

7 Complete as palavras com **m** ou **n** e reescreva as frases.

a) A ta_____pa da garrafa caiu no ca_____to.

_____

_____

b) É bo_____ le_____brar que o i_____verno já ve_____.

_____

_____

c) O te_____ pero estava na e_____ balage_____.

_____

_____

8 Escreva nas colunas palavras com a letra **m** na posição pedida.

mp	mb	m final

GRAMÁTICA

Pronome

Leia as frases que acompanham as imagens.

O rapaz toca violão.
Ele toca violão.

A pata nada no lago.
Ela nada no lago.

O rapaz e a pata são seres vivos.
Eles são seres vivos.
As palavras **rapaz** e **pata** são substantivos.
As palavras **ele**, **ela** e **eles** substituem os nomes. São pronomes.

> As palavras que substituem os substantivos são chamadas de **pronomes**.

Os pronomes podem ser classificados de diversas maneiras. Você conhecerá agora os pronomes pessoais: **eu**, **tu**, **ele**, **ela**, **nós**, **vós**, **eles**, **elas**.

ATIVIDADES

1 Sublinhe os pronomes.

a) Ele trabalha e Lia joga.

b) Nós iremos à aula.

c) Tu foste à festa ontem?

d) Vocês riram tanto!

2 Reescreva as frases trocando os substantivos destacados por pronomes.

a) **Virgínia** gosta de ler revistas.
_____

b) **O encanador** consertou a torneira.
_____

c) **O cão e a raposa** são animais.
_____

d) **O ônibus** está muito atrasado.
_____

e) **Camila e Cecília** irão ao cinema.
_____

3 Reescreva as frases seguir trocando os pronomes por nomes próprios.

a) Ele é uma pessoa especial.
_____

b) Ela vai viajar para Recife.
_____

c) Eles são amigos há anos.
_____

d) Elas vão ao teatro.
_____

e) Eles foram muito atenciosos.
_____

f) Eles jogam no time paralímpico.
_____

TEXTO 2

O texto a seguir foi publicado em uma enciclopédia impressa. Observe a imagem. Do que o texto vai tratar?

Tatu

É um mamífero aparentado com o tamanduá e a preguiça. Vive na América, e seu tamanho vai de 15 centímetros a 1 metro, sem contar o rabo. Sua couraça, formada por pequenas placas ósseas recobertas por pele e dura como couro de boi, defende-o dos predadores. À noite, ele gosta de caçar insetos, vermes e pequenos vertebrados.

O tatu-bola pode se enrolar até formar uma bola completamente encouraçada para se defender quando é atacado.

Maria José Valero. *Leia uma por dia*: 365 curiosidades sobre animais. Barueri, SP: Girassol, 2005. p. 77.

BRINCANDO COM O TEXTO

1 Complete a ficha do tatu com informações do texto.

Onde vive: _____

Tamanho: _____

Hábito: _____

Alimentação: _____

2 Escreva o nome destes animais, que foram citados no texto.

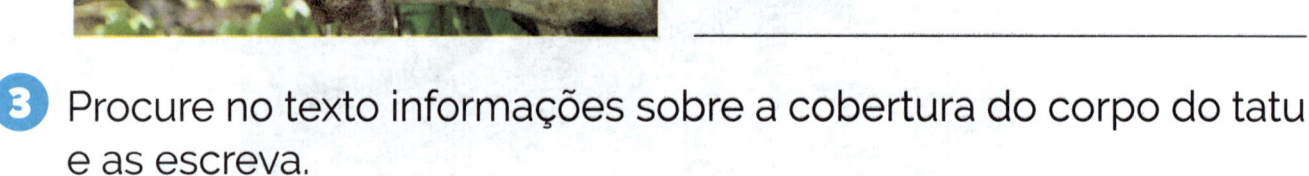

_____

_____

3 Procure no texto informações sobre a cobertura do corpo do tatu e as escreva.

_____
_____
_____
_____

4 Por que o tatu-bola tem esse nome?

_____
_____

5 Para que serve a couraça do tatu ser dura como couro de boi?

_____
_____

ORTOGRAFIA

Palavras em que s tem som de z

1 Complete as lacunas com **s** e escreva as palavras.

a) avi____o: _____

b) u____ina: _____

c) paraí____o: _____

d) rapo____a: _____

e) ca____aco: _____

f) vi____ita: _____

g) pai____agem: _____

h) ca____ulo: _____

2 Escreva o nome das imagens.

a) _____

b) _____

c) _____

d) _____

e) _____

f) _____

3 Complete as palavras com **s**.

a) A cami____eta tem um de____enho.

b) O va____o está dentro da ca____a.

c) Ouvi um avi____o sobre o trân____ito.

d) O pre____ente é uma cami____ola.

BRINCANDO

Leia o trava-língua bem rápido, sem errar.

> Alô, o tatu está aí?
> Não, o tatu não está!
> Mas a mulher do tatu está!
> A mulher do tatu estando
> é o mesmo que o tatu estar.
>
> Domínio público.

Monte os trava-línguas que estão no encarte da página 271.

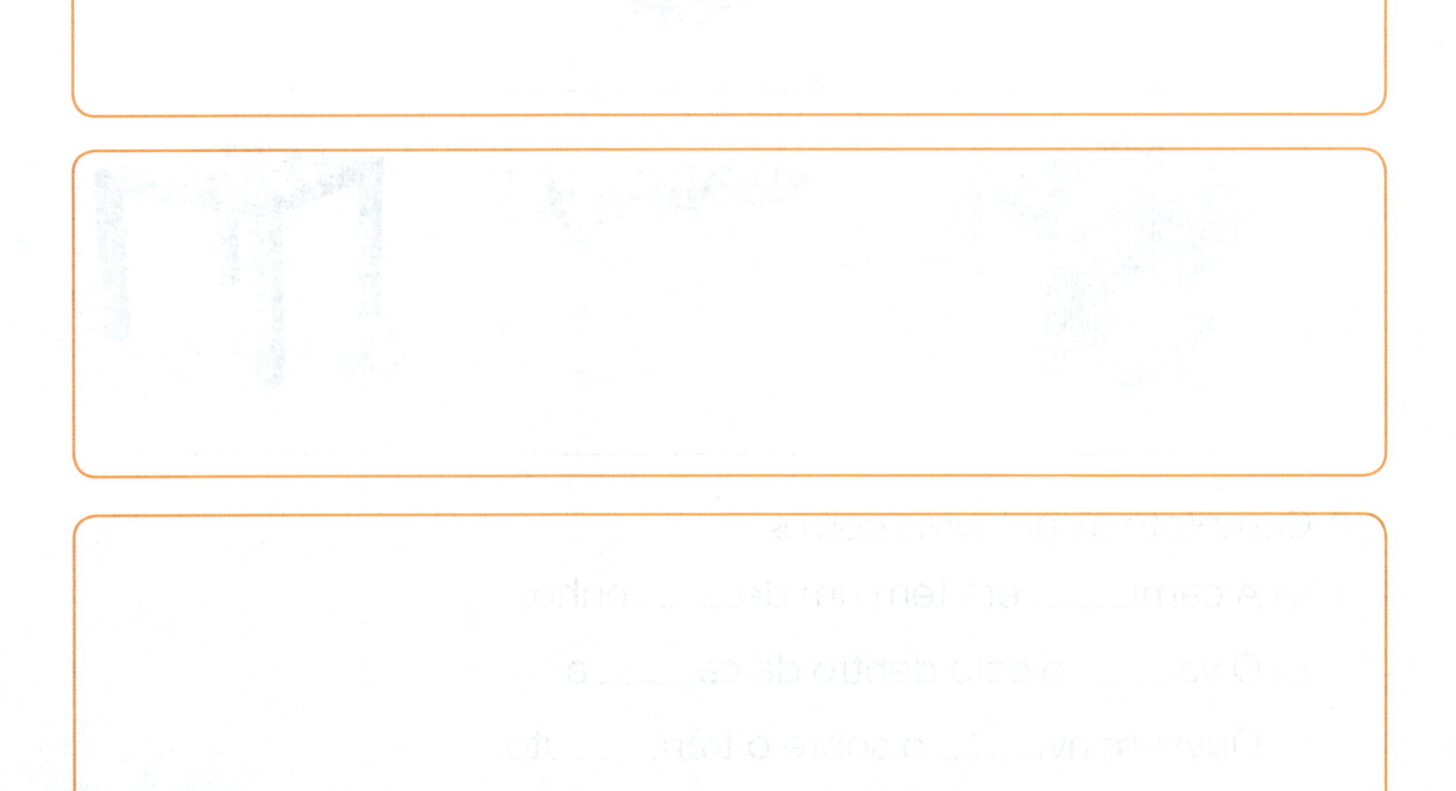

BRINCANDO COM A CRIATIVIDADE

Carta do leitor

Nesta unidade, você leu uma carta escrita por alunos do 3º ano de uma escola.

Que tal se você e seus colegas também escrevessem uma carta para uma revista ou um jornal?

Planejar e produzir

1. Escolham uma revista ou um jornal para o qual vocês vão escrever.
2. Leiam algumas matérias que foram publicadas nessa revista ou nesse jornal.
3. Após a leitura, selecionem a matéria que mais chamou a atenção de vocês e conversem sobre o assunto. O que vocês gostariam de comentar sobre a matéria e enviar para a revista ou para o jornal?
4. Lembrem-se de mencionar, na carta, o número ou volume da publicação e a data da publicação.
5. Participe da escrita da carta, que será dirigida à revista ou ao jornal que vocês escolheram.

Reler e revisar

1. Com a ajuda do professor, releiam e revisem o texto que vocês escreveram coletivamente.

Editar

1. A carta pode ser digitada e editada no computador, com um programa de edição.

Compartilhar

1. Enviem a carta ao jornal ou à revista. Geralmente é possível encaminhar *e-mail* à redação desses veículos de comunicação.

PEQUENO CIDADÃO

Teclado acessível

Como as pessoas com deficiência visual ou com baixa visão fazem para escrever no teclado do computador?

Atualmente já há diferentes tipos de teclados acessíveis a essas pessoas.

Veja estes dois modelos de teclados adaptados:

Teclado com letras ampliadas, usado por pessoas com deficiência visual ou com baixa visão.

Teclado adaptado para pessoas que já conhecem o alfabeto braile.

1 Você conhece outras tecnologias que foram adaptadas para pessoas com deficiência? Quais? Conte aos colegas.

2 Por que é importante que os recursos tecnológicos sejam acessíveis às pessoas com deficiência?

UNIDADE 13

TEXTO 1

Você já viu algum anúncio parecido com este? Se já, conte sobre o que era e onde você o viu.

Leia o anúncio abaixo.

Este é o Rabito. Assim como você, ele também está procurando um novo lar. Alimente o que há de melhor.

Para adotar:
adote@amparanimal.org.br

AMPARA animal

PEDIGREE
Adotar é tudo de bom

BRINCANDO COM O TEXTO

1) Qual é o tema do anúncio?
_____

2) Para responder à atividade 1, o que você observou no anúncio?
_____
_____
_____

3) Qual é o nome do cachorro que aparece no anúncio?
_____

4) Além do texto sobre o cachorro, que outros elementos deixam evidente que o anúncio trata de **adoção**?
_____
_____

5) Observe este trecho do anúncio:

AMPARA animal
PEDIGREE
Adotar é tudo de bom

AMPARA Animal

a) O anúncio é feito por duas instituições. Qual é o nome delas?
_____

b) Que mensagem os desenhos acima transmitem a você?
_____

6) O que você achou do anúncio publicitário? Você adotaria um animal por causa dele? Converse com o professor e os colegas.

BRINCANDO COM O APRENDIZADO

1) Coloque cedilha nas palavras quando for necessário.

a) Clóvis comprou uma calca nova.

b) Alice colocou a bacia na calcada.

c) Talita é filha cacula de Robson.

d) Cecília é uma docura de crianca.

e) Comprei acúcar e coloquei no acucareiro.

2) Forme adjetivos com base nos substantivos das frases a seguir e complete-as.

a) Quem tem beleza é _____.

b) Quem tem inteligência é _____.

c) Quem tem bravura é _____.

d) Quem tem covardia é _____.

e) Quem tem coragem é _____.

f) Quem tem elegância é _____.

3) Coloque til (~), acento agudo (´) ou acento circunflexo (^) nas palavras em que eles estão faltando.

a) Rogerio gosta de ouvir musica.

b) Tania e Monica sao amigas de infancia.

c) Vou ate Macapa buscar Celia.

d) Gabriel esta cantando uma belissima cançao.

e) O onibus parou perto do caminhao.

f) O bone do meu irmao e amarelo.

4 Reescreva as frases passando-as para o masculino.

a) A madrinha é amiga da sogra.
_____

b) A motorista e a enfermeira são vizinhas.
_____

c) A bombeira é irmã da secretária.
_____

d) A leoa assustou a elefanta.
_____

5 Escreva o que se pede nos parênteses.

a) inteligente (substantivo correspondente): _____

b) garrafa (número de letras): _____

c) afeto (adjetivo correspondente): _____

d) brilho (encontro consonantal): _____

6 Classifique as palavras quanto ao número de sílabas e à tonicidade.

Palavra	Número de sílabas	Tonicidade
nadador		
café		
anêmona		
mocotó		
penúltimo		
vizinho		

7 Reescreva no plural.

a) o pavão _____

b) o caderno _____

c) a lição _____

d) o ônibus _____

e) o caçador _____

f) a voz _____

g) a mala _____

h) o caracol _____

i) o cantor _____

8 Transforme as frases afirmativas a seguir em exclamativas. Leia-as em voz alta e preste atenção à entonação.

a) A salada está linda.
_____

b) Gosto de praia.
_____

c) O Brasil é grande.
_____

d) Ela canta bem.
_____

9 Complete as frases com o antônimo dos adjetivos.

a) Este cãozinho é manso e aquele é _____.

b) Cíntia é agitada e Vera é _____.

c) Papai é alto, mas titio é _____.

d) Aqui está claro, mas lá está _____.

e) Cauã está alegre, mas Lucas está _____.

GRAMÁTICA

Verbo – tempos verbais

Leia as frases.

Malu **joga** bola.
Malu **jogou** bola.
Malu **jogará** bola.

As palavras **joga**, **jogou** e **jogará** dizem o que Malu **faz**, **fez** ou **fará**. São ações.

> As palavras que indicam ação, estado e fenômeno da natureza são **verbos**.

São três os tempos do verbo:

- **presente** – Malu joga bola.
- **passado** – Malu jogou bola.
- **futuro** – Malu jogará bola.

A terminação do verbo indica quando a ação acontece.
Malu jog**a** bola – Acontece **hoje**, é **presente**.
Malu jog**ou** bola – Foi **ontem**, é **passado**.
Malu jog**ará** bola – Será **amanhã**, é **futuro**.

ATIVIDADES

1 Escreva a forma básica do verbo (o infinitivo).

a) corre _____   e) vigia _____

b) desenha _____   f) salta _____

c) viaja _____   g) dorme _____

d) levanta _____   h) come _____

2 Complete cada frase no tempo presente com o verbo indicado.

a) Os alunos _____ na festa junina. (dançar)

b) Fernando _____ espanhol. (estudar)

c) O sorveteiro _____ picolés. (vender)

d) O cozinheiro _____ o almoço. (cozinhar)

e) Carolina _____ muito bem. (nadar)

3 Complete o quadro com os verbos nos tempos pedidos.

Andar – presente	Cantar – passado	Pular – futuro
Eu _____	Eu _____	Eu _____
Tu _____	Tu _____	Tu _____
Ele/ela _____	Ele/ela _____	Ele/ela _____
Nós _____	Nós _____	Nós _____
Vós _____	Vós _____	Vós _____
Eles/elas _____	Eles/elas _____	Eles/elas _____

4 Escreva em que tempo estão os verbos das frases a seguir.

a) Ele andou de carro.
_____

b) Nós dançaremos na festa.
_____

c) Jairo e Sara trabalham.
_____

d) Vocês brincam muito!
_____

e) Quando ele viajou?
_____

f) Débora ganhará o lápis.
_____

5 Escreva as ações das frases a seguir no futuro.

a) Carla passeia com o cachorro.
_____

b) Eu uso uma mochila.
_____

c) Vocês jogam basquete.
_____

d) Eu fiz uma pesquisa sobre as flores.
_____

6 Reescreva as frases no passado.

a) Eu compro flores.
_____

b) Ele conversa pouco.
_____

c) Elas acordam cedo.
_____

d) Márcia lê um livro.
_____

TEXTO 2

Leia o texto a seguir.

Você conhece alguma história que conte por que o cachorro foi morar com o homem?

Por que o cachorro foi morar com o homem

O cachorro, que todos dizem ser o melhor amigo do homem, vivia antigamente no meio do mato com seus primos, o **chacal** e o lobo.

Os três brincavam de correr pelas **campinas** sem fim, matavam a sede nos riachos e caçavam sempre juntos.

Mas, todos os anos, antes da estação das chuvas, os primos tinham dificuldades para encontrar o que comer. A vegetação e os rios secavam, fazendo com que os animais da floresta fugissem em busca de outras **paragens**.

Um dia, famintos e ofegantes, os três com as línguas de fora por causa do forte calor sentaram-se à sombra de uma árvore para tomarem uma decisão.

– Precisamos mandar alguém à aldeia dos homens para apanhar um pouco de fogo – disse o lobo.

– Fogo? – perguntou o cachorro.

– Para queimar o capim e comer gafanhotos assados – respondeu o chacal com água na boca.

– E quem vai buscar o fogo? – tornou a perguntar o cachorro.

– Você! – responderam o lobo e o chacal, ao mesmo tempo, apontando para o cão.

De acordo com a tradição africana, o cão, que era o mais novo, não teve outro jeito, pois não podia desobedecer a uma ordem dos mais velhos.

Ele ia ter que fazer a cansativa jornada até a aldeia, enquanto o lobo e o chacal ficavam dormindo numa boa.

O cachorro correu e correu até alcançar o cercado de espinhos e paus pontudos que protegia a aldeia dos ataques dos leões. Anoitecia, e das cabanas saía um cheiro gostoso. O cachorro entrou numa delas e viu uma mulher dando de comer a uma criança. Cansado, resolveu sentar e esperar a mulher se distrair para ele pegar um **tição**.

Uma panela de mingau de milho **fumegava** sobre uma fogueira. Dali, a mulher, sem se importar com a presença do cão, tirava pequenas porções e as passava para uma tigela de barro.

Quando terminou de alimentar o filho, ela raspou o **vasilhame** e jogou o resto do mingau para o cão. O bicho, esfomeado, devorou tudo e adorou. Enquanto comia, a criança se aproximou e acariciou o seu pelo.

Então, o cão disse para si mesmo:

– Eu é que não volto mais para a floresta. O lobo e o chacal vivem me dando ordens. Aqui não falta comida e as pessoas gostam de mim. De hoje em diante vou morar com os homens e ajudá-los a tomar conta de suas casas.

E foi assim que o cachorro passou a viver junto aos homens. E é por causa disso que o lobo e o chacal ficam uivando na floresta, chamando pelo primo fujão.

Rogério Andrade Barbosa. *Histórias africanas para contar e recontar.* São Paulo: Editora do Brasil, 2001. p. 25-28.

GLOSSÁRIO

Campina: grande terreno coberto de plantas rasteiras (que ficam perto do chão), sem árvores.

Chacal: mamífero carnívoro da mesma família dos cachorros, lobos e raposas.

Fumegar: soltar fumaça.

Paragem: lugar em que se para.

Tição: pedaço de lenha aceso.

Vasilhame: recipiente onde se coloca alimento líquido ou sólido.

BRINCANDO COM O TEXTO

1 Responda oralmente.

a) Qual é o título do texto?

b) Além do cachorro, quem são os personagens da história?

2 Os personagens bichos eram:

☐ amigos. ☐ irmãos. ☐ primos.

3 Como era a relação entre os personagens bichos?

_____

_____

4 Responda às questões a seguir.

a) O que acontecia antes da estação das chuvas?

_____

_____

b) O que os animais eram obrigados a fazer antes desse período?

_____

_____

5 O que aconteceu quando o cachorro se aproximou dos humanos? E o que ele decidiu fazer?

_____

_____

_____

6 O que você acredita que teria acontecido se o cachorro tivesse feito o planejado? Converse com os colegas e o professor.

ORTOGRAFIA

Palavras com x, s, sc ou ss

1 Complete as palavras com **x**, **ss** ou **sc**.

a) fo_____o

b) má_____imo

c) cre_____imento

d) pre_____ão

e) na_____er

f) au_____iliar

2 Agora, complete as palavras com **x** ou **s**.

a) e_____plodir

b) e_____treito

c) e_____cursão

d) te_____tual

e) e_____tranho

f) a_____túcia

3 Ligue cada palavra ao significado correto. Se necessário, faça uma pesquisa no dicionário.

a) sexta   Que está fora.

b) sesta   Osso que fica no meio do peito.

c) externo   Descanso após o almoço.

d) esterno   Que vem depois da quinta e antes da sétima.

4 O nome das imagens a seguir tem **x**, **sc** ou **ss**. Escreva-os.

a) _____

b) _____

c) _____

BRINCANDO COM A CRIATIVIDADE

Anúncio publicitário

Nesta unidade você leu um anúncio publicitário para adoção de um cão.

Chegou a hora de criar um anúncio publicitário para incentivar o respeito pelos animais.

Planejar

1. Forme um pequeno grupo com os colegas.
2. Pesquisem na internet informações e imagens relacionadas ao tema do anúncio.
3. No computador, utilizando um programa de edição de texto, decidam que tamanho, cor e tipo de letra vão utilizar, e como o texto e a imagem serão distribuídos na folha.
4. Pensem também em um *slogan*, isto é, uma expressão ou frase fácil de lembrar. Esse recurso é bastante utilizado em anúncios publicitários.

Produzir

1. Criem frases curtas para falar do tema.
2. Indiquem uma ou duas imagens que poderiam ilustrar sua ideia.
3. Façam o rascunho do anúncio no computador. Vocês também podem fazer o esboço desenhando-o em uma folha à parte.

Reler, revisar e editar

1. Peçam a opinião do professor sobre o anúncio que vocês criaram.
2. Releiam o texto e verifiquem o que precisa ser melhorado.
3. Após realizarem os ajustes necessários, imprimam o resultado.

Compartilhar

1. Exponham o anúncio publicitário nos corredores da escola.

UNIDADE 14

TEXTO 1

Observe o formato do texto na página. O que você percebeu? Leia o poema visual.

Pró-dente

Mais do que prudente, é preciso ser pró-dente, ao dentista. Visitas regulares, fio dental e esmerosa escovação, tudo em prol da valorosa dentição.

Fábio Bahia
@poema.concreto

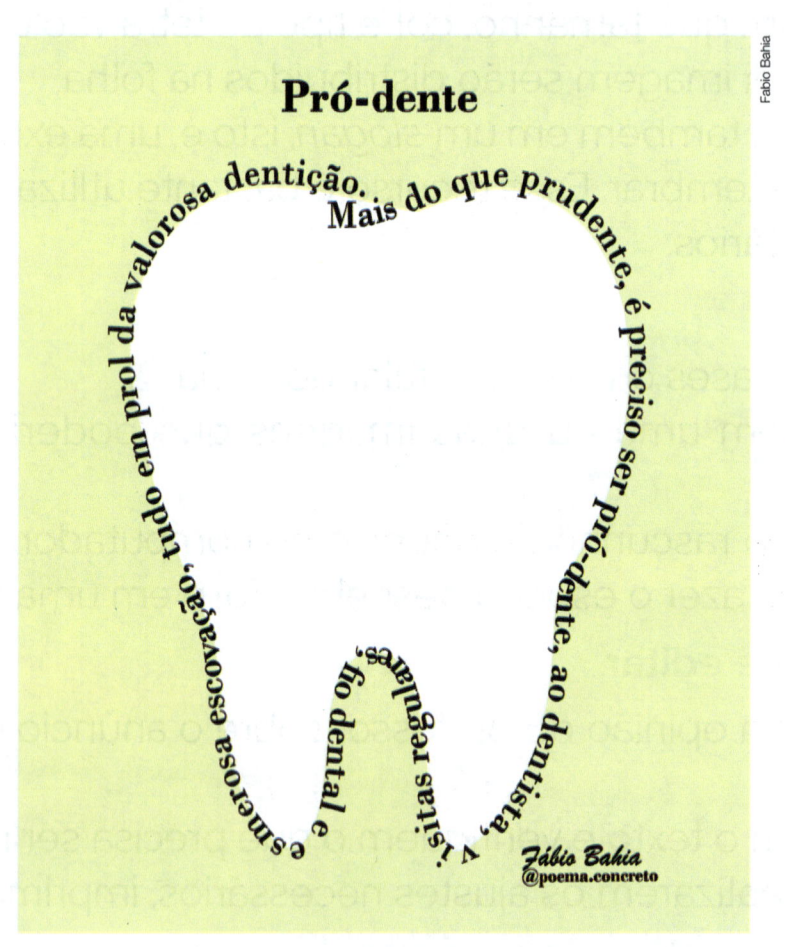

Fábio Bahia. *Pró-dente*. Disponível em: https://www.instagram.com/p/B5VE5-JDsIk/?utm_source=ig_web_copy_link. Acesso em: 7 abr. 2020.

BRINCANDO COM O TEXTO

1 Qual é o título do poema?

_____

2 Que forma o texto tem?

_____

3 Leia o poema *Pró-dente* distribuído em versos.

> Mais do que prudente,
> é preciso ser pró-dente,
> ao dentista, visitas regulares,
> fio dental e esmerosa escovação,
> tudo em prol da valorosa dentição.

a) Qual é a diferença entre o poema distribuído em versos e o poema visual?

_____

_____

b) Esse poema tem rima? Quais?

_____

4 Relacione as colunas.

1. prudente   ☐ Conjunto de dentes da arcada dentária.

2. esmerosa   ☐ Que não procura perigo, cauteloso, ajuizado.

3. prol   ☐ O que beneficia algo ou alguém.

4. dentição   ☐ Feita com carinho, cuidado.

BRINCANDO COM O APRENDIZADO

1 Escreva o que se pede entre parênteses.

a) nora (masculino): _____

b) alunos (coletivo): _____

c) fo**gu**ete (nome do encontro destacado): _____

d) papéis azuis (singular): _____

2 Escreva as frases a seguir no plural.

a) A pomba pousou no galho.

_____

b) O jornal está em cima do banco.

_____

c) O animal fugiu para longe.

_____

3 Complete as palavras com **x** ou **ch**.

a) ma____ado

b) cai____ote

c) ____aleira

d) quei____o

e) amei____a

f) ran____o

4 Complete o nome das imagens com os dígrafos que faltam.

a) ____ave

b) va____oura

c) ca____o

d) mos_____ito **e)** a_____o **f)** _____eijo

5 Complete as palavras usando corretamente **m** ou **n**.

a) co_____panhia **d)** bri_____cadeira **g)** pa_____tera

b) ga_____bá **e)** coma_____do **h)** ja_____tar

c) bala_____ça **f)** so_____bra **i)** pudi_____

6 Complete as palavras com **o** ou **ou**.

a) b_____lsa **d)** p_____co **g)** b_____cejo

b) p_____pança **e)** d_____rado **h)** r_____pa

c) bes_____ro **f)** est_____ro **i)** m_____rango

7 Complete as palavras abaixo com **e** ou **ei**.

a) p_____x_____ro **d)** am_____xa **g)** b_____ço

b) tint_____ro **e)** fogu_____ra **h)** f_____jão

c) carangu_____jo **f)** pass_____o **i)** cam_____lo

8 Reescreva as frases substituindo o símbolo ★ por um pronome pessoal.

a) Bruno e ★ iremos ao parque.

_____

b) ★ não gostaram da novela.

_____

c) Nós escrevemos e ★ leu.

_____

d) Eu cheguei ao escritório e ★ saiu.

_____

9 Complete a tabela com os verbos no tempo indicado.

Passado	Presente	Futuro
	escrevo	
aprendi		
		encontrarei
amei	amo	
		direi
	saio	
		conseguirei

10 Ligue as palavras à sua classificação quanto ao número de sílabas e à tonicidade.

a) difícil   trissílaba, proparoxítona

b) maracujá   polissílaba, oxítona

c) caju   trissílaba, oxítona

d) hábito   trissílaba, paroxítona

e) pontapé   dissílaba, oxítona

11 Passe as frases para o tempo presente.

a) Eu lavarei o tênis.
_____

b) Nós venderemos a casa.
_____

c) Eu arrumei o quarto.
_____

d) Você dormiu tarde.
_____

e) Ela fechou a porta com força.
_____

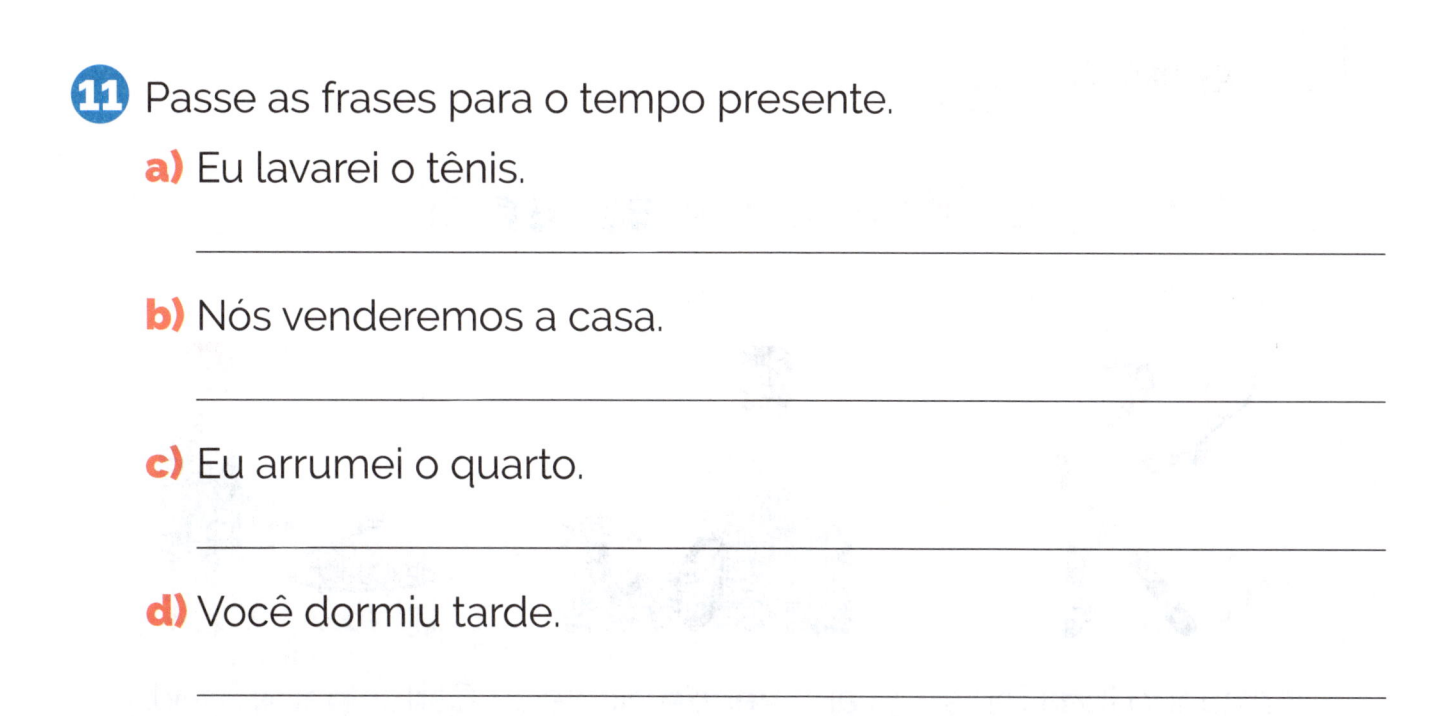

ORALIDADE

Entrevista

Em uma roda de conversa, conte aos colegas se você já foi ao dentista e como foi essa experiência.

Depois, planejem juntos como seria uma entrevista com um dentista. O que vocês gostariam de perguntar? Como poderia ser organizada essa atividade? Onde a entrevista seria feita? Como vocês conduziriam as perguntas?

Ouçam gravações e *podcasts* de entrevistas no rádio e na televisão. Leiam entrevistas em jornais e revistas.

O professor avaliará a possibilidade de convidar um dentista para ir à escola e dar uma entrevista a vocês.

GRAMÁTICA

Verbos terminados em ar, er, ir

Observe as imagens e leia as frases.

Armando **joga** tênis.   Eliane **vende** picolés.   Carlos **parte** a torta.

Joga vem do verbo **jogar**.
Vende vem do verbo **vender**.
Parte vem do verbo **partir**.
São três as conjugações dos verbos:
1ª conjugação – infinitivo terminado em **ar**, como **pular**;
2ª conjugação – infinitivo terminado em **er**, como **beber**;
3ª conjugação – infinitivo terminado em **ir**, como **partir**.
Verbos da 1ª conjugação

Pular		
Passado (ontem)	**Presente (hoje)**	**Futuro (amanhã)**
eu pul**ei**	eu pul**o**	eu pul**arei**
tu pul**aste**	tu pul**as**	tu pul**arás**
ele/ela pul**ou**	ele/ela pul**a**	ele/ela pul**ará**
nós pul**amos**	nós pul**amos**	nós pul**aremos**
vós pul**astes**	vós pul**ais**	vós pul**areis**
eles/elas pul**aram**	eles/elas pul**am**	eles/elas pul**arão**

Verbos da 2ª conjugação

Beber		
Passado (ontem)	**Presente (hoje)**	**Futuro (amanhã)**
eu beb**i**	eu beb**o**	eu beb**erei**
tu beb**este**	tu beb**es**	tu beb**erás**
ele/ela beb**eu**	ele/ela beb**e**	ele/ela beb**erá**
nós beb**emos**	nós beb**emos**	nós beb**eremos**
vós beb**estes**	vós beb**eis**	vós beb**ereis**
eles/elas beb**eram**	eles/elas beb**em**	eles/elas beb**erão**

Verbos da 3ª conjugação

Partir		
Passado (ontem)	**Presente (hoje)**	**Futuro (amanhã)**
eu part**i**	eu part**o**	eu part**irei**
tu part**iste**	tu part**es**	tu part**irás**
ele/ela part**iu**	ele/ela part**e**	ele/ela part**irá**
nós part**imos**	nós part**imos**	nós part**iremos**
vós part**istes**	vós part**is**	vós part**ireis**
eles/elas part**iram**	eles/elas part**em**	eles/elas part**irão**

Eles **pulam** corda na aula. (**pular**, 1ª conjugação)
Nós **escreveremos** a redação. (**escrever**, 2ª conjugação)
Eu **abri** o presente. (**abrir**, 3ª conjugação)
Tu **cantas** muito bem! (**cantar**, 1ª conjugação)
Ele **comerá** mais frutas. (**comer**, 2ª conjugação)
Vós **conseguireis** uma vitória. (**conseguir**, 3ª conjugação)

ATIVIDADES

1 Complete com o verbo no presente, como no modelo.

> comer: eu como

a) vender: nós _____

b) dormir: eles _____

c) beber: eu _____

d) escrever: ele _____

e) receber: vocês _____

f) pular: elas _____

2 Escreva o verbo **cortar** no futuro.

a) Eu _____ o melão.

b) Tu _____ o melão.

c) Ela _____ o melão.

d) Nós _____ o melão.

e) Vós _____ o melão.

f) Eles _____ o melão.

3 Complete as frases com os verbos indicados no tempo presente.

a) A vendedora _____ as roupas da loja. (mostrar)

b) O peixeiro _____ peixes frescos. (vender)

c) O padeiro _____ pães deliciosos. (fazer)

d) A comissária _____ no avião. (trabalhar)

4 Numere os verbos de acordo com o tempo correspondente.

1. presente **2.** passado **3.** futuro

☐ trabalha ☐ pensarei ☐ reparte

☐ repartiremos ☐ conversarei ☐ dividiu

☐ chego ☐ apitaram ☐ permitiu

5 Reescreva as frases trocando os verbos no passado pelo futuro.

a) Eu venci a corrida.
_____

b) Ela emprestou o caderno.
_____

c) Vocês bateram a porta.
_____

d) Você tomou a sopa.
_____

6 Passe as ações para o passado.

a) Gustavo comerá o risoto.
_____

b) Ele oferece as rosas.
_____

c) Elas escrevem o livro.
_____

d) Ele assará o pão.
_____

TEXTO 2

Observe as ilustrações do texto. Do que ele vai tratar?

☆☆☆☆ DIÁRIO DOS GAROTOS ESPERTOS ☆☆☆☆

HABILIDADE 2

TER DENTES BRANCOS E BRILHANTES

Escove seus dentes duas vezes ao dia. Siga os simples passos abaixo para garantir que seus dentes fiquem limpos e seu hálito, fresco.

1. Coloque uma quantidade (do tamanho de uma ervilha) de pasta dental na escova de dente.

2. Ponha uma das suas músicas favoritas para tocar. Escove os dentes até que a música acabe para ter certeza de ter escovado o suficiente – você deve escovar seus dentes por dois minutos, no mínimo, duas vezes ao dia.

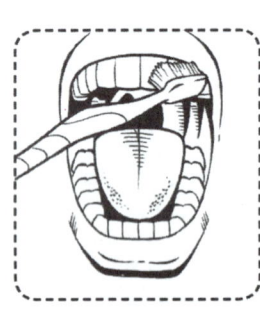

3. Pressione levemente a escova contra os dentes com as cerdas em um ângulo de 45º. Mova-a em pequenos círculos na parte externa de cada dente.

4. Repita os movimentos na parte interna dos dentes.

5. Para alcançar os dentes de trás, difíceis de escovar, feche um pouco sua boca – fazendo como um "o" ao redor da escova.

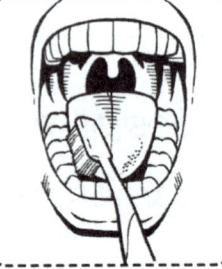

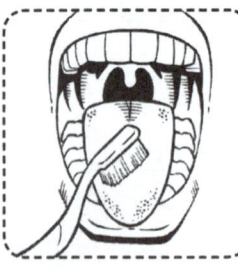

6. Escove a coroa dos dentes de trás (aquela parte de cima mais larga), tanto dos dentes de cima quanto dos dentes de baixo, com um movimento de vaivém.

7. Esfregue sua língua para se livrar das bactérias e manter seu hálito fresco.

Martin Oliver. *Diário dos Garotos Espertos*. São Paulo: Leya, 2011. p. 10.

BRINCANDO COM O TEXTO

1 O texto que você leu é instrucional. O que ele ensina a fazer?

_____

2 Como o texto está organizado?

_____

3 Numere as informações na ordem em que foram apresentadas no texto.

☐ Esfregar a língua para se livrar das bactérias e manter o hálito fresco.

☐ Fazer movimentos circulares na parte externa de cada dente.

☐ Escovar os dentes por dois minutos, no mínimo, duas vezes ao dia.

☐ Colocar uma quantidade (do tamanho de uma ervilha) de pasta dental na escova de dente.

☐ Fazer como um "o" ao redor da escova para alcançar os dentes de trás.

☐ Escovar a parte de cima dos dentes com um movimento de vaivém.

☐ Repetir os movimentos na parte interna dos dentes.

4 Assinale **V** para verdadeiro ou **F** para falso.

☐ O texto tem como principal objetivo alertar sobre o perigo do consumo de doces.

☐ O texto informa como arrancar um dente mole.

☐ O texto orienta a escovar os dentes duas vezes ao dia.

☐ Uma das instruções do texto é colocar uma grande quantidade de pasta dental na escova.

☐ Os dentes de trás são mais difíceis de escovar.

5 Como você escova seus dentes? Você costuma seguir alguma das orientações do texto? Escreva nas linhas a seguir.

_____

_____

ORTOGRAFIA

Palavras com r ou rr

1 Complete as palavras com **r** ou **rr**.

a) _____aio   d) ca_____ona   g) _____ato

b) ba_____iga e) va_____er   h) ga_____afa

c) a_____te   f) ve_____de   i) a_____anha

2 Associe cada palavra ao significado correto.

a) careta   ☐ Veículo sobre quatro rodas.

b) carreta   ☐ Golpe com a mão fechada.

c) caro   ☐ Grande caminhão de transporte.

d) carro   ☐ Expressão que faz o rosto ficar feio.

e) murro   ☐ Que custa muito ou é querido.

3 Complete as palavras para que as frases tenham sentido.

a) Os _____aios são um g_____ande _____isco na p_____aia.

b) Gosto de liv_____os com histó_____ias de a_____epia_____!

c) Jogo pega-va_____etas com meus i_____mãos e meus p_____imos.

4 As imagens a seguir têm **r** ou **rr** nos nomes. Escreva-os.

a) _____ c) _____ e) _____

b) _____ d) _____ f) _____

5 Separe as palavras em sílabas.

a) couro _____   d) corrida _____

b) arrumação _____   e) redondo _____

c) rabiscar _____   f) acarajé _____

6 Indique a alternativa que completa adequadamente as frases.

a) No início e no fim das palavras, usamos apenas: ☐ r. ☐ rr.

b) O conjunto **rr** aparece apenas entre:

☐ consoantes.   ☐ vogais.

BRINCANDO COM A CRIATIVIDADE

Texto instrucional

Nesta unidade, você leu um texto com instruções para a escovação dos dentes.

Você sabia que também é importante usar o fio dental pelo menos uma vez por dia?

Que tal escrever um texto com instruções sobre isso?

Planejar

1. Pesquise na internet, em livros e em revistas informações sobre o uso do fio dental.

Produzir

1. Com base nas informações que você pesquisou, escreva instruções com o passo a passo de como devemos utilizá-lo.
2. Use o espaço da página seguinte para fazer um rascunho.
3. Numere as etapas e inicie as instruções com verbos, como no texto "Ter dentes brancos e brilhantes".
4. Crie um título e procure imagens para ilustrar as etapas que você descreveu.

Reler e revisar

1. Releia seu texto e verifique o que pode ser melhorado nele.
2. Será que o professor tem alguma sugestão para melhorar ainda mais o texto? Peça a opinião dele.

Editar

1. Passe o texto a limpo em uma folha de papel ou digite no computador e imprima-o. Lembre-se de incluir o título e as ilustrações.

Compartilhar

1. Os folhetos produzidos poderão ser entregues aos alunos de outras turmas.

BRINCANDO

1 Leve o menino até o gato e a menina até o cachorro. Use uma cor para cada um deles.

UNIDADE 15

TEXTO 1

Leia o título do texto a seguir. Você sabe de que quarentena ele fala?

https://www.jornaljoca.com.br/vida-em-quarentena-a-rotina-dos-jovens-em-casa/

3 de abril de 2020

Helena Rinaldi e Joanna Cataldo, Versão estendida da matéria publicada no Joca 146

Vida em quarentena: a rotina dos jovens em casa

Para evitar que o novo coronavírus se espalhe, escolas por todo o Brasil suspenderam as atividades presenciais. Para saber como está a adaptação ao período de quarentena, o Joca conversou com jovens ao redor do país.

"Acho mais difícil ter aula *on-line*. Tudo é por *e-mail*, o que faz com que seja mais difícil para os professores responder às perguntas. Eu acordo às 7h e começo a estudar às 8h. Faço também alongamento ou ioga mais ou menos das 14h30 às 15h30. É importante ter uma rotina para não ficar perdido. Como tenho mais tempo livre, consigo me dedicar mais aos meus desenhos. Também consigo ter mais tempo para relaxar, já que tinha uma rotina muito cheia na escola." **Yumi M., 10 anos, de Salvador (BA)**

"Às vezes, acho que ter aula *on-line* é até melhor, porque dá para se concentrar mais, tem mais silêncio. A melhor parte é que eu não tenho mais que ficar preso no trânsito e, se eu não tiver lição de casa ou acabar rápido, tenho mais tempo para brincar e ficar com a minha mãe e o meu cachorro. Acho que eu precisava desse tempo, porque antes eu ficava bem pouco com ele. A parte difícil é que meu pai mora na Argentina e, com tudo o que está acontecendo, ele não pode vir para cá me visitar." **Mateo H., 12 anos, do Rio de Janeiro (RJ)**

"Minha escola não está tendo aulas *on-line*, mas estou estudando durante o isolamento. Estou revisando livros e cadernos e assistindo a videoaulas. Prefiro deixar a minha rotina em aberto e sem muitas obrigações, assim me sinto mais livre para fazer o que sentir vontade. Durante a quarentena, comecei um dos cursos *on-line* que a Universidade de Harvard, nos Estados Unidos, ofereceu de graça. Mas também gostaria de aproveitar esse tempo para fazer aulas de francês."
Helena P., 16 anos, Parnamirim (RN)

"No começo, achei que daria para conversar com os amigos pelo *chat* [da ferramenta de estudo *on-line*] (*risos*). Depois eu percebi que o *chat* era para tirar dúvidas das matérias. Quando os amigos querem conversar, nós escolhemos um horário em que não estamos estudando e fazemos uma videoconferência. A parte mais difícil é a falta de contato com as pessoas. Queria também poder ir a restaurantes, *shoppings*, cinema. Mas acho que a parte positiva é que eu fico mais tempo com a minha família. A gente almoça junto, minha mãe me ajuda com as lições. Além disso, com o isolamento, eu comecei a ajudar mais na arrumação da casa." **Manuela S., 9 anos, de São Paulo (SP)**

"As aulas da minha escola foram totalmente paralisadas. Eu estou assistindo a muitos filmes e ouvindo música, mas às vezes também assisto a vídeos que explicam os assuntos [aprendidos na escola]. O problema é que eu não consigo estudar por videoaula, então parei um pouco de estudar e estou dormindo bastante."
Ariel V., 12 anos, de Belém (PA)

"Eu estou cozinhando bastante: já fiz macarronada, tapioca, bolo... Várias coisas que eu sempre tive vontade de fazer, mas que não tinha tempo antes. Eu também assisto a um canal da televisão local que passa aulas durante a semana. No final de cada aula, eles apresentam atividades. Nós temos que fazê-las no caderno, porque os professores vão cobrar as respostas quando a escola voltar."
Evelin F., 16 anos, de Manaus (AM)

"Minhas professoras passaram tarefas, e minha mãe e eu estamos organizando tudo em uma agenda. De manhã, eu leio alguns livros de literatura e, à tarde, faço as tarefas. Acho que é um bom método para quem não pode ter aulas *on-line*. O mais chato é ter que ficar em casa, mas estou aproveitando para ver desenhos animados, já que eu quase nunca consigo fazer isso."
Clarice C., 7 anos, Brasília (DF)

"Pelo aplicativo da escola, posso ter acesso a todas as atividades. Não fiz um cronograma porque acho mais fácil fazer tudo na hora. Tenho passado a quarentena com o meu pai e a minha mãe. Uma das partes mais difíceis é não poder abraçar ninguém nem ver minhas amigas ao vivo. Mas estou aproveitando bastante o tempo em casa. Estou brincando mais, lendo mais... Até que esse tempo está sendo bem legal!" **Julia M., 10 anos, de Campo Grande (MS)**

"Na minha escola temos um sistema de aulas *on-line*. A gente entra em uma sala [virtual] em que os professores dão coisas para nós fazermos. Acho que esse método é eficiente, mas é muito pior porque a gente não entra em contato com as outras pessoas. É como falar com um amigo por mensagem ou videochamada – não é a mesma coisa que poder encostar e olhar na cara da pessoa. Na minha opinião, não poder socializar é a parte mais difícil." **Arthur L., 12 anos, de Joinville (SC)**

"Estou estudando com as videoaulas que a minha escola passa todos os dias. Acho esse método bom, porque nos ajuda a fortalecer a mente e a manter os estudos em dia. Estou passando [este período] em casa com meus pais e minha cachorrinha, Gigi. A parte mais difícil é não poder sair e não ver meus amigos e meus avós pessoalmente. A melhor parte é ter mais tempo livre!" **Maria Eduarda V., 13 anos, de Apucarana (PR)**

[...]

Helena Rinaldi e Joanna Cataldo. Vida em quarentena: [...]. *Joca*, São Paulo, 3 abr. 2020. Disponível em: https://www.jornaljoca.com.br/vida-em-quarentena-a-rotina-dos-jovens-em-casa/. Acesso em: 7 abr. 2020.

BRINCANDO COM O TEXTO

1 O texto que você leu é uma reportagem.

a) Em que veículo de comunicação ela foi publicada?

b) Quando ela foi publicada?

c) Quem escreveu a reportagem?

2 Qual é o assunto principal do texto?
_____
_____

3 Quem são as pessoas envolvidas nessa reportagem?
_____
_____

4 Por que alguns trechos do texto estão escritos entre aspas?
_____
_____
_____

5 Você sabe o que foi a quarentena abordada na reportagem? Se não sabe, faça uma pesquisa. Escreva a seguir o que sabe ou o que descobriu.
_____
_____
_____
_____

BRINCANDO COM O APRENDIZADO

1 Coloque a pontuação necessária nos diálogos (dois-pontos, travessão, ponto final e ponto de interrogação).

a) Carla perguntou a Rita

O que você está pintando

Rita respondeu

Uma paisagem

b) Mamãe perguntou

Aonde vocês vão

E os filhos responderam

Vamos à pracinha

2 Reescreva as frases no passado.

a) Eu vendo pipoca.
_____

b) Eles brincarão no jardim.
_____

c) Ela compra o lápis.
_____

d) Vocês repartem o bolo.
_____

e) André comprará figurinhas.
_____

f) Ele ouve músicas no quarto.
_____

g) Jamila canta no coral.
_____

3 Reescreva as frases no plural.

a) O homem e a canção.
_____

b) O balão e o cordão.
_____

c) O caracol e o barril.
_____

d) O animal feroz.
_____

GRAMÁTICA

Sujeito

Leia a frase.
Nuno pesca no lago.
Agora responda: Quem pesca no lago?
Nuno.
Nuno é o **sujeito** da oração.

Para encontrarmos o sujeito, fazemos ao verbo a pergunta "O quê?" ou "Quem?". A resposta é o **sujeito**.

Observe mais estes exemplos:
Lorena e Benício são irmãos.
↓
sujeito

Caiu a **noite**.
↓
sujeito

ATIVIDADES

1. Sublinhe os sujeitos das orações.

   a) O gatinho bebe leite.

   b) A mala está no armário.

   c) Helena e Marcos são amigos.

   d) Eu comprei o vestido.

2. Complete as frases com um sujeito.

   a) _____ faz pipas.

   b) _____ lava roupas.

   c) _____ andei de bicicleta.

3 Escreva uma oração para cada imagem criando um sujeito que corresponda a ela.

a)

_____

b)

_____

4 Utilize os pronomes do quadro para escrever o sujeito das frases.

- eu   - eles   - elas   - vocês   - nós

a) _____ quero uma fruta.

b) _____ leram os jornais.

c) _____ calçaram os sapatos.

5 Reescreva as frases levando o sujeito para o fim da oração.

a) As meninas estão certas.

_____

b) O suco está na jarra.

_____

c) Minha vida é muito legal.

_____

TEXTO 2

Leia o texto a seguir.

Notícias

O noticiário nacional de Natal do ano de mil novecentos e noventa e nove noticiou que, na Noruega, um nigeriano naturalizou-se norueguês, mas o mais notável foi que, ao mesmo tempo, na Nigéria, uma norueguesa naturalizou-se nigeriana.

E, no mesmo dia, em Nova York, um nordestino ficou noivo de uma nova-iorquina, mas o avô da nova-iorquina era nômade e não parava no ninho.

Anunciou que seu bisneto nasceria no Nordeste brasileiro.

Eram numerosas as notícias daquele Natal.

Nuno era navegador e estava noivo de Nina. Eles viviam navegando, e, numa noite nevoenta em que não dava para enxergar nadinha, nadica de nada, neca de pitibiriba de tanto nevoeiro, nasceu Nino, o filho navegante de Nina e Nuno, num navio-petroleiro.

Para finalizar um noticiário com tantos nascimentos, namoros, noivados e núpcias, a noticiarista nipônica narrou que, há vinte e nove anos, nevou em Nova Prata, e nasceu Noel, filho de Natália e Natanael.

Hoje, vinte e nove anos depois, Noel monta um boneco na neve, na noite de Natal, para comemorar o nenezinho que ele e Natacha tiveram, o narigudinho Nicolau.

Mas o que ninguém sabia era que a noticiarista era nissei e namorava um nutricionista negro. Ela se chamava Naomi e ele, Nelson. Os dois eram naturebas e, enquanto namoravam, adoravam comer nozes, nêsperas, nectarinas e nacos de nabo.

Jonas Ribeiro. *Alfabético: o almanaque do alfabeto poético*.
São Paulo: Editora do Brasil, 2016. p. 49.

BRINCANDO COM O TEXTO

1 Relacione as palavras a seu sentido no texto.

A naturalizar-se ☐ Casamento.

B nômade ☐ Carregado de nuvens, nebuloso.

C nevoento ☐ Pessoa que não tem moradia fixa.

D núpcias ☐ Pessoa que tem uma alimentação natural.

E nipônica ☐ Tornar-se de certa nacionalidade.

F nissei ☐ Relativa ao Japão.

G natureba ☐ Filho de pais japoneses nascido no continente americano.

2 Releia este trecho do texto e observe as expressões destacadas.

> Eles viviam navegando, e, numa noite nevoenta em que não dava para enxergar **nadinha**, **nadica de nada**, **neca de pitibiriba** [...].

a) O que significam as expressões destacadas? Consulte um dicionário.

_____

_____

b) Por que você acha que o autor repetiu termos com o mesmo significado?

_____

_____

3 De que ano são os acontecimentos noticiados no texto? ☐

4 Quantas notícias foram dadas naquele dia, no total? ☐

5 Numere as notícias de acordo com a ordem em que foram transmitidas.

☐ Noel monta um boneco de neve em Nova Prata.

☐ Nuno nasceu em um navio-petroleiro.

☐ Um nigeriano naturalizou-se norueguês e uma norueguesa naturalizou-se nigeriana.

☐ Um nordestino ficou noivo de uma nova-iorquina.

6 Pense em um acontecimento para noticiar. Pode ser algo que tenha ocorrido com você, familiares ou amigos. Conte o que aconteceu, onde, quando e com quem.

_____

_____

_____

ORTOGRAFIA

Palavras em que x tem som de cs

1 Complete as palavras com a letra **x**.

a) tá ___ i

b) fi ___ o

c) refle ___ ão

d) bo ___ e

e) refle ___ o

f) comple ___ o

2 Todas as palavras da atividade 1 são escritas com a letra **x** com som de:

☐ z. ☐ cs. ☐ ch. ☐ ss.

3 Circule as palavras em que a letra **x** tem som de **cs**.

a) existir

b) xale

c) maxilar

d) xampu

e) anexo

f) látex

g) prefixo

h) oxigênio

i) texto

j) expulsar

k) boxe

l) abacaxi

4 Encontre no diagrama as palavras que você circulou na atividade 3.

W	E	B	U	Ç	K	D	P	D	R	P	T
O	M	A	X	I	L	A	R	Y	É	U	Y
T	E	T	R	S	T	H	E	N	M	L	N
Ç	G	L	T	P	Ê	A	F	À	J	R	O
V	A	R	G	Ã	V	D	I	M	Ã	B	M
M	B	O	X	E	M	S	X	R	S	E	R
R	A	B	D	F	R	D	O	L	U	A	L
Ú	S	A	G	E	Ú	Z	P	S	L	N	S
A	I	M	L	T	A	O	Ç	V	P	E	V
R	A	Z	N	W	T	L	Á	T	E	X	Z
Ã	L	Ç	P	H	L	I	Q	G	Ç	O	G
L	O	X	I	G	Ê	N	I	O	Y	T	U

5 Rescreva as frases trocando as imagens pelo nome delas.

a) Marcos pegou um [táxi].

_____

b) A mãe deu [remédio] para o filho.

_____

c) Meu primo tirou radiografia do [tórax].

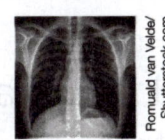

_____

d) Passei desodorante na [axila].

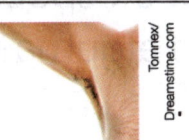

_____

6 Encontre no diagrama o que as imagens representam.

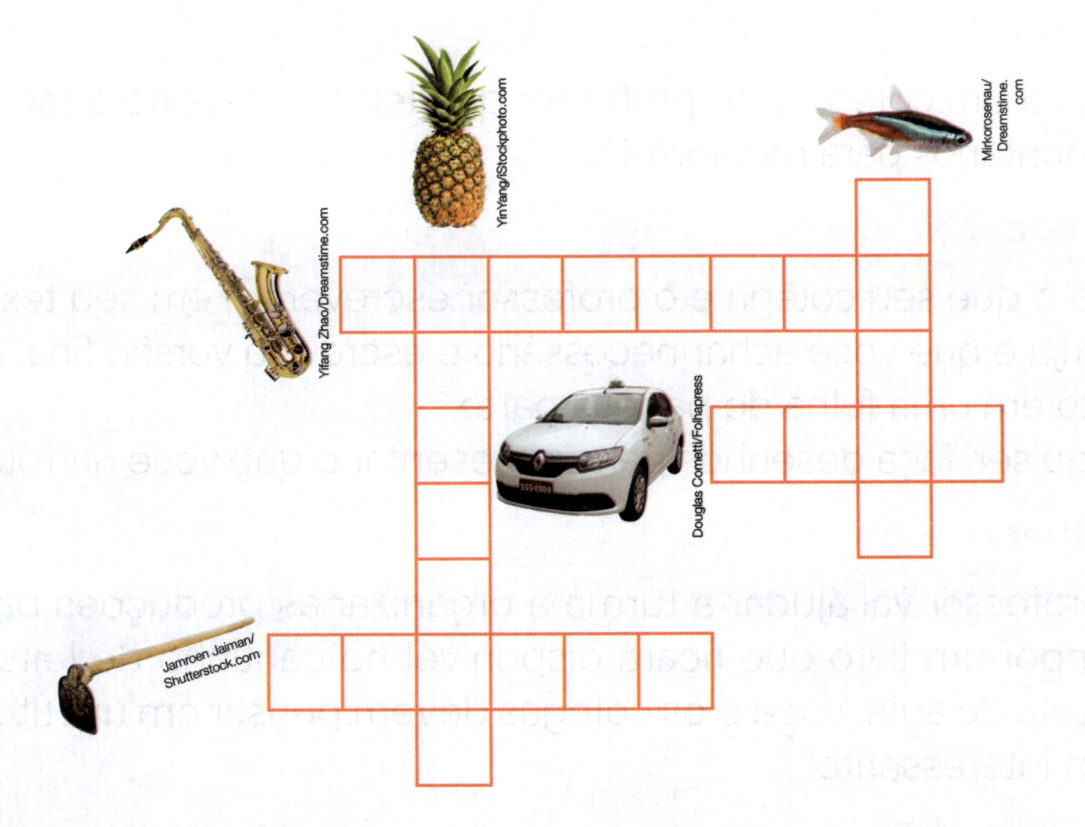

BRINCANDO COM A CRIATIVIDADE

Relato

Nesta unidade, você leu dois textos, um sobre fatos da rotina de crianças e adolescentes e outro sobre acontecimentos de um dia de Natal. Agora, é sua vez de escrever e ilustrar acontecimentos de sua vida. Para isso, siga as orientações abaixo.

Planejar

1. Escolha uma ou duas datas, como seu aniversário, Natal, Dia da Criança, entre outras.
2. Lembre-se de situações especiais que você tenha vivenciado nesses dias ou que, de alguma forma, tenham marcado você.

Produzir

1. No caderno, conte o que se passou, em que lugar aconteceu, quem eram as pessoas envolvidas e quando foi.
2. Relate, também, como você se sentiu durante esses eventos.

Reler

1. Peça a um colega e ao professor que leiam seu texto e façam comentários para melhorá-lo.

Revisar e editar

1. Veja o que seu colega e o professor escreveram em seu texto. Corrija o que você achar necessário e escreva a versão final do texto em uma folha de papel à parte.
2. Se quiser, faça desenhos para representar o que você narrou.

Compartilhar

1. O professor vai ajudar a turma a organizar as produções para compor um livro que ficará disponível no cantinho de leitura da sala de aula. Você e os colegas devem pensar em um título bem interessante!

UNIDADE 16

TEXTO 1

Leia o título do texto a seguir.
Você já parou para pensar nessa questão? Ou sobre o que veio antes: o ovo ou a galinha? Para que outras perguntas você gostaria de ter a resposta?

A zebra é um animal preto com listras brancas ou branco com listras pretas?

Taí uma boa pergunta. Tão boa que há cientistas especialmente dedicados a estudar o tema. Dois deles, os biólogos americanos Gilbert Scott e Susan Singer, se debruçaram sobre essa questão e fizeram sua aposta: a zebra é um animal preto com listras brancas.

Eles sustentam essa teoria com dois argumentos. Primeiro, por uma questão de adaptação geográfica. Cores escuras são mais apropriadas ao calor da África, continente de origem das zebras. É que a cor negra, mais rica em melanócitos (células produtoras de melanina, pigmento responsável pela cor da pele), ofereceria mais proteção ao bicho contra os raios de sol. Assim como acontece com a gente: não é à toa que os humanos de pele escura foram os que melhor se adaptaram àquele continente.

O segundo argumento é baseado em uma teoria evolutiva. No começo do século XIX, havia na África uma espécie de zebra que só tinha listras na frente do corpo, todo o resto era escuro. Os cientistas imaginam que a zebra que conhecemos seja descendente dessa, só que mais listrada.

Além disso, estudos feitos nos embriões das zebras mostram que as células inicialmente apresentam pigmentação preta, para só nos últimos estágios embrionários começarem a formar as listras brancas.

E por que as listras brancas, então?

A hipótese mais aceita pelos cientistas era a de que a sequência de preto e branco funcionasse como um recurso de camuflagem. Estudos recentes, porém, mostram que o listrado serve para regular a temperatura do corpo. Uma zebra totalmente preta passaria muito calor, e o branco ameniza o problema.

Iberê Thenório e Mariana Fulfaro. *Dúvida cruel: 80 respostas para as perguntas mais cabeludas.* Rio de Janeiro: Sextante, 2018. p. 30-31.

BRINCANDO COM O TEXTO

1) O texto que você leu é um relato de observações e de pesquisas. Responda:

a) Qual é o tema do texto?
_____

b) Quais especialistas estudaram esse assunto?
_____

c) A que conclusão os especialistas chegaram?
_____
_____
_____

2) Quais argumentos os especialistas apresentaram para sustentar a teoria?
_____
_____
_____
_____
_____

3) De acordo com o texto, por que as zebras têm listras brancas?
_____
_____
_____
_____

BRINCANDO COM O APRENDIZADO

1 Complete as frases com o verbo **sorrir** nos tempos indicados.

a) Eu _____ para o fotógrafo. (futuro)

b) Ela _____ para o fotógrafo. (presente)

c) Nós _____ para o fotógrafo. (passado)

d) Eles _____ para o fotógrafo. (futuro)

2 Sublinhe o sujeito das orações.

a) Solange estudou.

b) É bom este jornal.

c) A menina brincou.

d) Caiu chocolate no sofá.

3 Reescreva as orações substituindo os sujeitos por pronomes.

a) Os meninos nadaram na piscina.
_____

b) A vendedora é prestativa.
_____

c) Carlos e Márcia vão viajar.
_____

4 Reescreva as frases no tempo presente.

a) Eu pesquisarei na internet.
_____

b) Eles partirão de madrugada.
_____

GRAMÁTICA

Predicado

Leia a frase.
Júlio come frutas.
O que Júlio faz? Come frutas.
"Come frutas" é o **predicado** da oração.

> Para achar o predicado, pergunte:
> **O que** (o sujeito) **faz**?

ATIVIDADES

1) Escreva um sujeito para cada oração.

a) _____ adoramos rapadura.

b) _____ sonha todas as noites.

c) _____ viajaram juntos.

d) _____ adora chocolate.

e) _____ compraram flores.

2) Sublinhe o predicado das orações.

a) Maria recebeu o recado.

b) Tito conheceu a cidade.

c) Dolores ganhou uma bota.

d) Jaime assistiu ao filme.

e) Eu tomei todo o leite.

f) Guilherme nadou no clube.

3 Crie um predicado para cada sujeito.

a) O professor _____.

b) Felipe e Marcos _____.

c) Você _____?

d) Valter e Mércia _____?

e) Você e eu _____.

4 Sublinhe o predicado e escreva o verbo de cada oração.

a) Eu fechei a janela do quarto. _____

b) Laura não conhece aquele pintor. _____

c) Marilisa trabalha na prefeitura. _____

d) Eu não trabalho na delegacia. _____

e) Nós gostamos de sorvete de flocos. _____

5 Circule os termos da frase de acordo com a legenda.

● sujeito

● predicado

a) Daniela lê a biografia.

b) O cisne nada na lagoa.

c) Elisa pula corda.

d) Luciana rega as plantas.

e) Ana toca violoncelo.

f) Érica levou Téo ao parque.

g) O cão é treinado.

TEXTO 2

Observe as páginas a seguir. O que você acha que vai ler?

Tinta de dedos

Surpreenda-se

Faça sua própria tinta de dedos com amido de milho... e pinte o que quiser!

Você vai precisar de:

- 600 ml de água (3 copos);
- 200 gramas de amido de milho (1 copo);
- corante alimentício (de suas cores preferidas);
- panela para aquecer a água;
- vasilha para fazer a mistura.

Atenção!

É necessário aquecer a água. Peça a um adulto que faça isso, já que é preciso usar panela e fogão. Não vá se queimar!

1. Em uma vasilha, misture o amido de milho com um copo de água (cerca de 150 ml).

2. Mexa muito bem para que não forme caroços. Depois, aqueça o restante da água (2 copos).

3. Junte os dois copos de água quente à mistura do passo 1.

4. Mexa bem para dar a textura da tinta de dedos.

5. Junte o corante escolhido e mexa. Você pode separar uma parte para fazer cores diferentes.

6. Deixe esfriar e... sua tinta de dedos está pronta!

Por que isso acontece?

Há moléculas que "se atraem" e, por isso, elas se juntam. Outras não se dão bem e não se juntam por nada (por exemplo, as do óleo e da água). As do amido de milho, da água e do corante se entendem bem: misturam-se, mudam de consistência e se transformam em TINTA DE DEDOS.

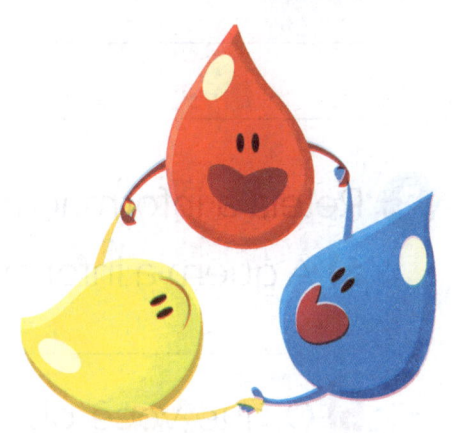

Curiosidade científica

Ao longo da história, vários materiais foram usados para criar pinturas: carvão, sangue, gema de ovo, óleo... misturados com pigmentos naturais ou animais. Algumas pinturas duraram milhares de anos, como as pinturas rupestres.

Será que nossa tinta de dedos vai durar tanto tempo?

Você sabia que...

...faz relativamente pouco tempo que os pesquisadores descobriram as fórmulas para fazer tintas sintéticas, tanto para pintar grandes superfícies (por exemplo, edifícios, barcos, monumentos), quanto para uso artístico (quadros, porcelanas, artesanatos)?

Minhas primeiras experiências. Barueri: Girassol, 2018. p. 6-9.

BRINCANDO COM O TEXTO

1 O que o texto que você leu ensina a fazer?

_____

2 Quais são os materiais necessários para fazer a tinta?

_____

_____

3 Releia a informação ao lado.

    a) A quem a informação é dirigida?

    _____

    b) O que você observou para responder?

> **Atenção!**
> É necessário aquecer a água. Peça a um adulto que faça isso, já que é preciso usar panela e fogão. Não vá se queimar!

_____

4 Por que as etapas de preparação da tinta são numeradas e ilustradas?

_____

_____

5 Relacione as colunas.

1 Por que isso acontece?	☐ Explica que as tintas sintéticas foram descobertas faz pouco tempo.
2 Curiosidade científica	☐ Apresenta os resultados do experimento.
3 Você sabia que...	☐ Informa que outros materiais já foram utilizados para criar pinturas.

ORTOGRAFIA

Palavras com x ou ch

1 Circule de vermelho as imagens que têm em seu nome a letra **x** e de azul as que têm **ch**. Depois, escreva esses nomes.

a) _____

b) _____

c) _____

d) _____

e) _____

f) _____

2 Complete as palavras com **x** ou **ch** e depois as copie.

a) ___arope _____

b) en___oval _____

c) ___aleira _____

d) ___alé _____

e) bro___e _____

f) engra___ate _____

g) ___uva _____

h) cai___ote _____

3 Complete as palavras com **x** ou **ch**.

a) ___amego
b) ___inelo
c) ___efe
d) ___adrez
e) ___ale
f) ___ampu
g) ___erife
h) bai___o
i) ___ácara

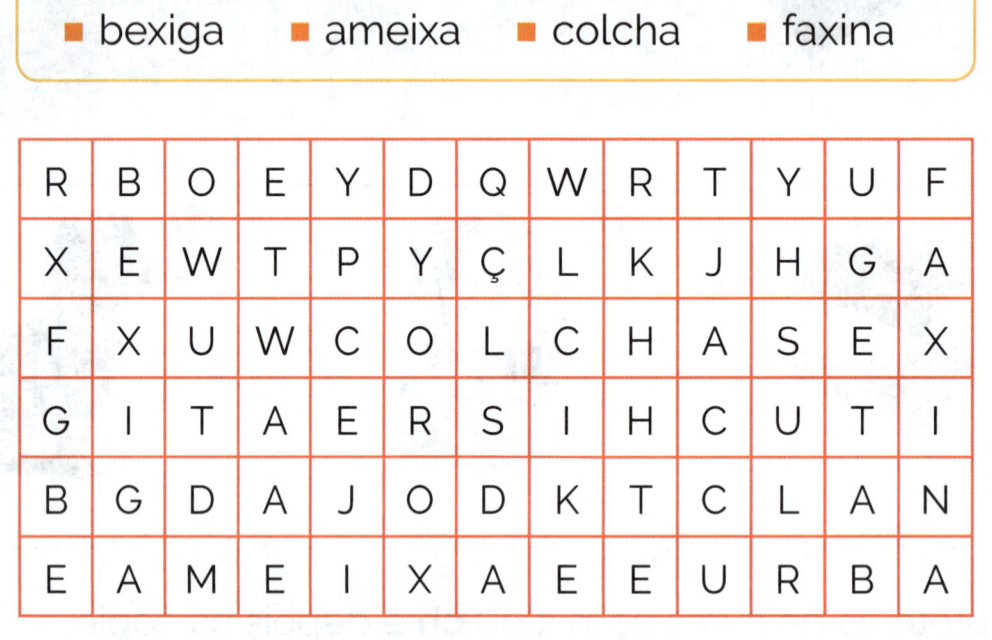

4 Encontre, no diagrama, as palavras do quadro.

- bexiga
- ameixa
- colcha
- faxina

R	B	O	E	Y	D	Q	W	R	T	Y	U	F
X	E	W	T	P	Y	Ç	L	K	J	H	G	A
F	X	U	W	C	O	L	C	H	A	S	E	X
G	I	T	A	E	R	S	I	H	C	U	T	I
B	G	D	A	J	O	D	K	T	C	L	A	N
E	A	M	E	I	X	A	E	E	U	R	B	A

5 Junte sílabas de cor igual e forme palavras.

CHU	CHA	LI	XE	FLE	CHI	TEI	XUM	RO	CHA	ME
CA	CO	BA	SI	RA	XEI	CA	SAL	CHO	CAI	RI

_____   _____

_____   _____

_____   _____

_____   _____

BRINCANDO COM A CRIATIVIDADE

Relato de experimento

Agora é sua vez de escrever um texto para apresentar o resultado de uma observação ou de uma pesquisa.

Planejar

1. Faça uma pesquisa na internet sobre experimentos científicos para crianças.
2. Escolha um experimento para realizar em casa, com a ajuda de seus familiares.

Produzir

1. Durante o experimento ou após realizá-lo, faça anotações na próxima página sobre as observações feitas e os resultados obtidos.

Reler, revisar e editar

1. Leia seu texto para um colega e para o professor. Faça os ajustes necessários para melhorá-lo.
2. Se quiser ou for necessário, faça desenhos ou cole fotografias para facilitar a compreensão do experimento.
3. Passe-o a limpo em uma folha de papel à parte.

Compartilhar

1. Apresente oralmente aos colegas os resultados de suas observações.
2. Ao final da exposição oral, permita que eles façam perguntas sobre sua apresentação. Vocês também podem escolher um dos experimentos para fazer em sala de aula seguindo as instruções.

BRINQUE MAIS

1. Escreva um bilhete contando ao professor o que você mais gostou de aprender na escola este ano.

_____ ← local e data

_____ ← destinatário (saudação)

↳ mensagem ou assunto do bilhete

_____
_____
_____
_____
_____
_____
_____
_____
_____

_____ ← despedida

_____ ← remetente (assinatura)

BRINQUE MAIS

2 Pinte a ilustração. Depois, escreva no diagrama o nome das brincadeiras que aparecem nela.

BRINQUE MAIS

3 Vamos brincar de espelho? É muito fácil!

1. Primeiro, você deve ficar de frente para um colega. Um de vocês será o espelho do outro, e, enquanto um mexe o corpo, o outro imita esses movimentos.
2. O aluno que for o espelho não pode rir ou fazer caretas durante o tempo determinado para a brincadeira, senão deverá pagar um castigo, que será definido pelo professor.
3. Quando o tempo estipulado acabar, você deverá trocar de posição com o colega.

BRINQUE MAIS

4. Agora toda a turma vai enviar uma mensagem, mas ninguém escreverá nada! Vocês irão brincar de telefone sem fio. Sigam as orientações.

1. Sentem-se em roda, nas carteiras ou no chão.
2. O professor dirá a um aluno, em segredo, uma frase. Esse aluno, então, deverá falar a mesma frase ao colega sentado ao lado.
3. A brincadeira prossegue assim: um aluno conta o que ouviu ao colega do lado, até que a mensagem chegue novamente ao professor.

Fique atento: na hora de falar a mensagem ao colega, cochiche, para que ninguém a escute.

BRINQUE MAIS

5 Vamos fazer um fantoche de papel? Siga as orientações.

Material:

- folha de papel sulfite A4 na cor que você quiser para o fantoche;
- canetas para colorir.

Como fazer

1 Coloque o papel na horizontal e dobre-o ao meio.

2 Em seguida, dobre as pontas até a marca feita anteriormente, como se formassem uma janela.

3 Depois, dobre a folha ao meio, para o lado de dentro da janela, formando uma coluna.

4 Dobre a coluna formada ao meio.

5 Em seguida, dobre as pontas para trás, até o centro.

6 Desenhe olhos e nariz na parte superior e, no meio, a língua (você também pode colar um tecido para representar a língua). Está pronto!
Para brincar, basta colocar o dedo polegar na abertura inferior, e os demais dedos na abertura superior do fantoche. Bom divertimento!

Ilustrações: Paula Kranz

BRINQUE MAIS

6 Quem disse que na cozinha só tem ingredientes para fazer comida? Lá também tem material para fazer um brinquedo!

Vamos aprender a fazer massinha de modelar?

Receita de massa de modelar

Material:

- 1 bacia média;
- 2 xícaras de farinha de trigo;
- meia xícara de sal;
- 1 xícara de água;
- 1 colher de óleo;
- 1 envelope de suco em pó da cor que preferir.

Como fazer

1. Primeiro, dissolva o suco em pó na água.
2. Em seguida, junte-o aos outros ingredientes na bacia, misture tudo e amasse com as mãos. Você pode fazer massinhas de diversas cores: é só repetir a receita trocando a cor do suco em pó!
3. Depois, basta soltar a imaginação. Divirta-se!

BRINQUE MAIS

7 A atividade que você fará agora dá aos olhos a ilusão de que as imagens estão misturadas. Parece mágica! Vamos lá, mãos à obra!

Material:

- 2 círculos iguais de cartolina branca;
- cola;
- barbante;
- lápis e caneta hidrográfica;
- lápis de cor.

Como fazer

1. Em um dos círculos, desenhe uma baleia, e, no outro, o mar e algumas gotas de água. Deve parecer que as gotas estão jorrando da baleia. Os desenhos devem se encaixar, por isso precisam ficar bem distribuídos nos círculos.
2. Cole um dos círculos no barbante, com a imagem voltada para o lado de fora. Em seguida, cole o outro círculo em cima da face em branco do primeiro, com a face ilustrada voltada também para fora. O barbante deve passar entre eles.
3. Deixe secar. Está pronto! Agora é só girar o barbante rapidamente para ver o que acontece.

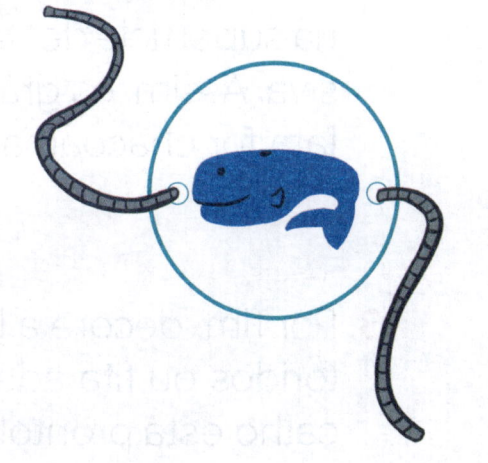

BRINQUE MAIS

8. Nesta atividade, você aprenderá a fazer um chocalho, instrumento musical muito usado no samba. Vamos lá!

Material:

- 1 lata de alumínio;
- grãos (de feijão, arroz etc.), miçangas ou pedrinhas;
- papelão;
- fita adesiva colorida ou papéis coloridos;
- tesoura sem ponta.

Como fazer

1. Coloque alguns grãos, miçangas ou pedrinhas dentro da lata.

2. Recorte um círculo no papelão do tamanho da parte de cima da lata, encaixe-o na superfície desta e cole-o com fita adesiva. Assim, os grãos não cairão quando a lata for chacoalhada.

3. Por fim, decore a lata colando papéis coloridos ou fita adesiva colorida. Seu chocalho está pronto!

ENCARTES

DOCUMENTO DE IDENTIFICAÇÃO

Nome: _____

Nome do pai: _____

Nome da mãe: _____

Naturalidade: _____

Data de nascimento: _____

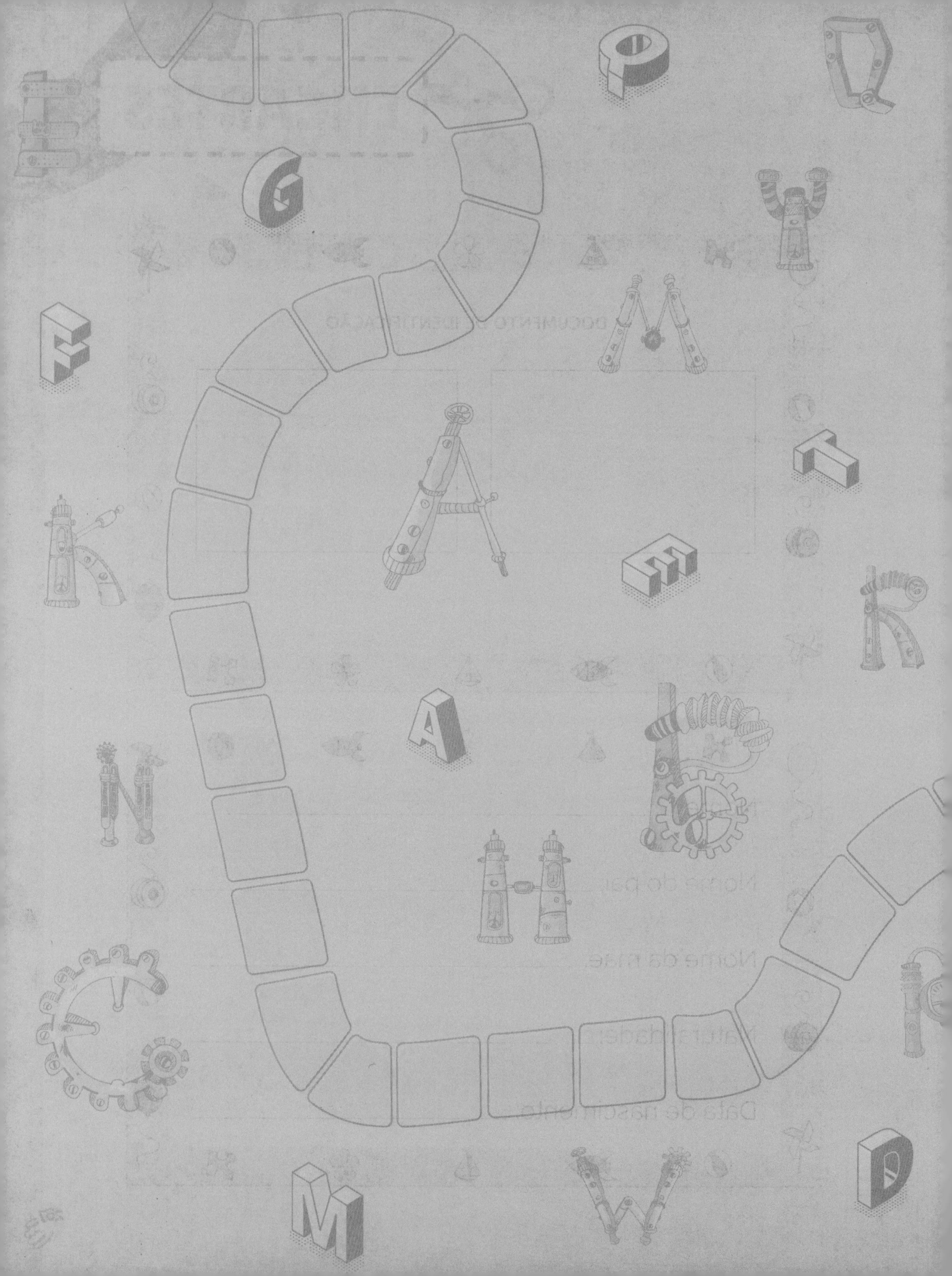

Unidade 5 – página 93

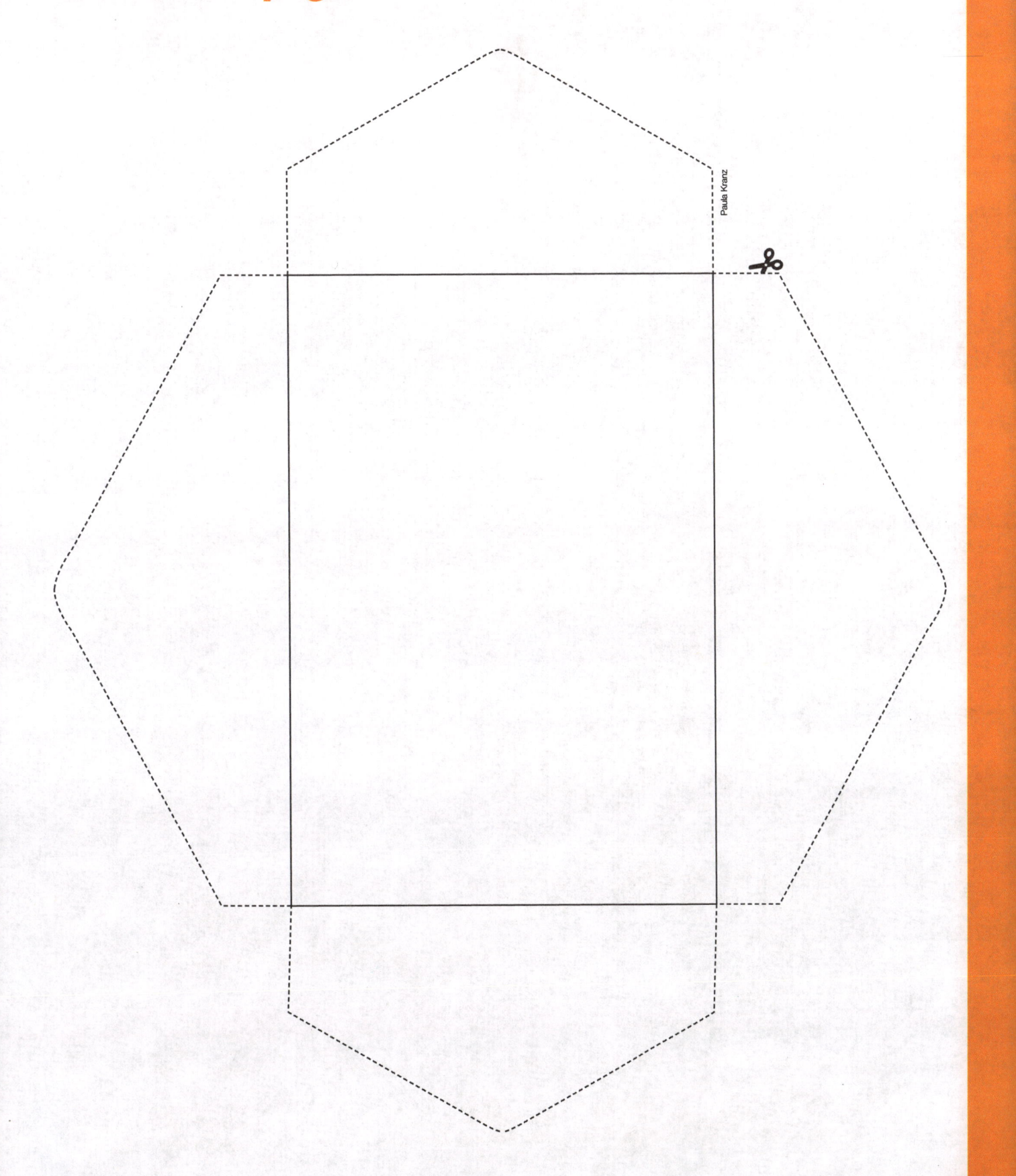

Paula Kranz

Unidade 12 – página 198

a mãe do sabiá

sabia assobiar?

Sabia que

sabia que o sabiá

do rei

roupa

de Roma

roeu a

O rato

roupa do

roeu a

O rato

rei da Rússia

tristes. | Três | para três | tigres | trigo | pratos de